Avaliação Econômica e Financeira de Projetos

Série de livros sobre CQRM Aplicado

Volume III

Aplicação da Simulação de Risco Monte Carlo, Opções Reais Estratégicas, Previsão Estocástica, Otimização de Portfólio, Análise de Dados e Métodos Quantitativos de Apoio à Decisão

IIPER Press

Johnathan Mun, Ph.D.

Califórnia, EUA

RQV Project Economics Analysis Tool

Este livro é dedicado a Jayden, Emma e Penny.

Num mundo onde o risco e a incerteza abundam,
São as únicas constantes na minha vida.

Dedicado à memória de amor da minha mãe.

Delicie-se com o Senhor e ele conceder-lhe-á os desejos do seu coração.

Salmo 37:4

A Série de Livros "CQRM Aplicado" introduz uma análise avançada, coberta pelo programa de Certificação em Gerenciamento de Riscos Quantitativos (CQRM), e é aplicável a problemas de negócios na vida real. No Volume III, explicamos como o software ROV PEAT será usado para fazer uma avaliação econômica de projetos, simular suas incertezas, executar análises de sensibilidade e usar suas propriedades analíticas para tomar decisões estratégicas.

As aplicações pragmáticas são enfatizadas para desmistificar os elementos que não estão qualificando à análise de risco. Uma caixa preta continuará a ser uma caixa preta se ninguém conseguir entender os conceitos, apesar de seu poder e aplicabilidade. Até que os métodos da caixa preta se tornem transparentes, para que os pesquisadores possam entender, aplicar e convencer outros de seus resultados, seu valor agregado e aplicabilidade, é que as abordagens receberão ampla atenção. Essa transparência é alcançada através das aplicações passo a passo da modelagem quantitativa, bem como a apresentação de múltiplos casos e discussão sobre aplicações na vida real.

Este livro destina-se àqueles que completaram o programa de certificação CQRM; mas também pode ser consultado por aqueles familiarizados com métodos básicos de pesquisa quantitativa, há algo para todos! É um texto igualmente aplicável no segundo ano de um MBA/MS ou no nível introdutório de um Doutorado. Os exemplos do livro exigem conhecimento prévio do tema.

Para obter informações adicionais sobre o programa CQRM, acesse os seguintes sites:

www.iiper.org

www.realoptionsvaluation.com

www.rovusa.com

SOBRE O AUTOR

Prof. Dr. **Johnathan C. Mun é** o fundador, presidente e CEO da Real Options Valuation, Inc. (ROV), uma empresa localizada ao norte do Vale do Silício, Califórnia e focada em consultoria, treinamento e desenvolvimento de software. Especializada em opções reais estratégicas, avaliação financeira, simulação de risco Monte Carlo, previsão estocástica, otimização, análise de decisões, business intelligence, sistemas analíticos para seguros de saúde, gestão de riscos de negócios, gerenciamento de riscos de projetos, métodos de pesquisa quantitativa e análise de riscos. A ROV tem parceiros e consultores em vários continentes, tais como: **África**: África do Sul, Gana, Nigéria, **América do Sul**: Argentina, Brasil, Colômbia, Peru, Venezuela, **América Central**: Porto Rico, **América do Norte**: EUA/ *Chicago, Nova York,* México /*Cidade do México,* **Ásia**: Arábia Saudita, China/ *Pequim, Hong Kong, Xangai,* Cingapura, Coreia do Sul, Índia, Japão, Malásia, Rússia, **Europa**: Eslovênia, Espanha, Itália, Reino Unido e Suíça /*Zurique,* entre outros. ROV também tem um escritório local em Xangai.

Por sua vez, o Dr. Mun preside o Instituto Internacional de Educação Profissional e Pesquisa (IIPER), uma organização globalmente credenciada, composta por professores de grandes universidades do mundo e que fornece Certificação em Gestão Quantitativa de Riscos (CQRM) e Certificação em Gestão de Riscos (CRM), entre outras.

Dr. Mun é o criador de várias ferramentas de software poderosas, incluindo: Risk Simulator, Real Options SLS Super Lattice Solver, Modeling Toolkit, Project Economics Analysis Tool (PEAT), ALM: Credit Market Operational Liquidity Risk (CMOL), Equity Options Assessment of   Employees, ROV BizStats, ROV Modeler Suite (Basel Credit Modeler, Risk Modeler, Optimizer e Valuator), ROV Compiler, ROV Extractor and Evaluator, ROV Dashboard, ROV Quantitative Data Miner e outros softwares de aplicação de aplicativos, bem como DVD de treinamento de análise de risco ROV. Realiza seminários públicos sobre análise de riscos e programas de CQRM. Possui mais de 21 patentes registradas e pendentes em todo o mundo. Escreveu mais de 26 livros publicados por John Wiley & Sons, Elsevier Science, IIPER Press, e ROV Press, incluindo múltiplos volumes da Série Aplicada CQRM (IIPER Press, 2019-2020), *Modelagem de Risco, Aplicação de Simulação de Monte Carlo, Opções Estratégicas Reais, Previsões Estocásticas, Otimização de Portfólio, Análise de Dados, Business Intelligence e Modelagem de Decisões, Primeira Edição*(Wiley, 2006), Segunda Edição (Wiley, 2010) e Terceira Edição (ROV Press, 2015); *Manual do Banqueiro sobre Risco de Crédito (2008);* [*Manual del Banquero sobre Riesgo Crediticio*]; *Modelos Analíticos Avançados: 250* aplicações sob o Acordo de Basileia para Wall Street e Além *(Wiley 2008 e Thomson-Shore 2016)* [*250 aplicações dos acordos de Basileia para Wall Street e Beyond*]; *Análise de Opções Reais: Ferramentas e Técnicas, Primeira Edição 2003, Segunda Edição 2005, Terceira Edição 2016* [Análise de Opções Reais: *Técnicas* e Ferramentas] Curso de Análise de Opções *Reais: Casos de Negócios -2003* [*Curso de Análise de Opções Reais: Estudos de Caso (2003)*; *Análise de Risco Aplicado: Ultrapassando a incerteza de 2003 e valorizando as opções de ações dos funcionários -2004.* [*Valoración de las Opciones sobre las Acciones de los Empleados*].

Seus livros e softwares são usados em mais de 350 das melhores universidades do mundo, incluindo: Instituto Bern na Alemanha, Universidade Chung-Ang na Coréia do Sul, Universidade de Georgetown, ITESM no México, MIT, American Navy Graduate School, New York University, Estocolmo University na Suécia, University de Andes no Chile, University of Chile, University of Hull, University of Pennsylvania Escola Wharton, Nova Iorque.

Atualmente, o Dr. Mun é professor de risco, finanças e economia. Lecionou cursos de gestão financeira, investimentos, opções reais, economia e estatística na universidade e pós-graduação no nível do MBA, Mestrado em Administração de Empresas e Doutorado. Lecionou em universidades de vários países, como a Naval Postgraduate School dos EUA (Monterrey, Califórnia) e a Universidade de Ciências Aplicadas (Suíça e Alemanha) como professor titular, Golden Gate University (Califórnia) e Universidade de St. Mary (Califórnia). a Ele orientou várias teses de graduação em pesquisas dentro dos comitês de MBA e dissertação de Doutorado. Também ministra cursos públicos semanais em Análise de Riscos, Análise de Opções Reais e Análise de Risco para Gestores, onde os participantes podem obter certificações de conclusão de CRM e CQRM. É sócio principal do Magellan Center e é membro do Conselho de Padronização da Academia Americana de Gestão Financeira.

Foi Vice-Presidente de Análises da Decisioneering, Inc., onde liderou o desenvolvimento software de opções e de análise financeira, consultoria analítica, treinamento e suporte técnico e onde também foi o criador do *software Real Options Analysis Toolkit,* mais antigo e menos poderoso que o antecessor SLS Opções Reais. Antes de ingressar no Decisioneering, foi Consultor e Economista Financeiro na área de Avaliação Global e Serviços Financeiros da KPMG Consultoria e Gerente de Serviços de Consultoria Econômica da KPMG LLP.

Possui vasta experiência em modelagem econométrica, análise financeira, opções reais, análise econômica e estatística. Durante seu mandato na Real Options Valuation, Inc., Decisioneering e KPMG Consulting, ele ensinou e assessorou diversas questões relacionadas a opções reais, análise financeira, previsão financeira, gerenciamento de projetos e avaliação financeira para mais de 100 empresas multinacionais (entre seus clientes anteriores e atuais estão: 3M, Airbus, Boeing, BP, Chevron Texaco, Financial Accounting Standards Board, Fujitsu, GE, Goodyear, Microsoft, Northropthrop , Pfizer, Timken, Departamento de Defesa dos EUA, Marinha dos EUA e Veritas, entre muitos outros). Antes de ingressar na KPMG, trouxe uma experiência como Diretor de Planejamento Financeiro e Análises da Viking Inc. e na FedEx, fez previsões financeiras, análise econômica e trabalho de pesquisa de mercado. Antes disso, trabalhou de forma independente em planejamento financeiro e consultoria.

Dr. Mun é Doutor em finanças e economia pela Universidade de Lehigh, onde suas áreas de pesquisa e interesse acadêmico têm girado em torno de investimento financeiro, modelagem econométrica, opções financeiras, finanças corporativas e teoria microeconômica. Também é Bacharel em Ciências da Gestão e Graduado em Ciências da Gestão (BS) em Biologia e Física. É certificado em Gestão de Riscos Financeiros, Consultoria Financeira e Gestão Quantitativa de Riscos. É membro da *American Mensa, Phi Beta Kappa Honor Society* e *Golden Key Honor Society,* bem como muitas outras organizações profissionais, como as Associações Financeiras do Leste e do Sul, a *American Economics Association* e a International *Association of Risk Professionals.*

Além disso, o Dr. Mun escreveu muitos artigos acadêmicos que foram publicados em: *Journal of Expert Systems with Applications; Revista de Investigação de Aquisição de Defesa; Instituto Americano de Procedimentos Físicos; Investigação de Aquisições; Revisão dos avanços em Contabilidade Quantitativa e Finanças; Global Finance Journal; Revisão Financeira Internacional; Journal of Financial Analysis; Revista de Economia Financeira*

Aplicada; Journal of International Financial Markets, Institutions and Money; Notícias de Engenharia Financeira; e Journal of the Society of Petroleum Engineers. Finalmente, ele contribuiu com dezenas de capítulos de livros e escreveu mais de cem artigos técnicos, boletins informativos, estudos de caso e artigos de pesquisa para Real Options Valuation, Inc.

JohnathanMun@cs.com   São Francisco

Sobre o Tradutor

Prof. **Nelson Rodrigues de Albuquerque** – Análise de Projetos e Riscos Corporativos

Engenheiro Eletrônico PUC-Rio, MBA Executivo pela COPPEAD/UFRJ, Mestre em Administração IBMEC-RJ e Doutor em Engenharia Elétrica - / Especialista em Métodos de Apoio à Decisão e Gestão Quantitativo de Risco. Profissional Certificado pelo IIPER-USA. Na área acadêmica: coordenador de cursos *in-Company* do **IBMEC**-RJ; Pesquisador do Laboratório de Inteligência Aplicada-ICA do DEE-PUC-Rio); consultor CTC-**PUC**-Rio. Ministrou cursos avulsos na Universidade **Estácio de Sá** (Niterói-RJ) / Pós-Graduação, na **FUNENSEG/ENS**-Rio, e na Universidade Federal do Rio Grande do Sul – **UFRGS** - Dpto. Metalurgia. Coorientador de candidato a Doutorado da UFRGS/PPGE3M. Atualmente é professor da Universidade Brasília-**UnB** / Departamento de Ciência da Computação (admissão março de 2020) e professor do Instituto Brasileiro de Executivos de Finanças – **IBEF-Rio**.

Pesquisador: Coordenou e/ou participou de projetos de pesquisa para: **MME, USAID, Banco Mundial, PNUD, ENRON, Petrobras** e **LIGHT** e **UFGRS**.

Executivo: **CAEEB** (Setor Elétrico), **Cia. Navegação Lloyd Brasileira S.A., HPUmatic Automação Industrial**, Barueri/SP, Membro do Conselho do Padrões do **IIPER**/USA.

Empresário: Sócio da empresa Métodos de Apoio à Decisão (**ROV-Brasil**) e consultor da *Real Options Valuation, Inc,*

Nelson.Albuquerque@unb.br

DEPOIMENTOS SOBRE OS LIVROS
DO DR. MUN

... poderoso conjunto de ferramentas para gestores de portfólio/programa na escolha racional entre alternativas...
> Contra-Almirante James Greene (Ret.), Presidente de Aquisições, Escola de Pós-Graduação Naval (EUA)

... essencial para qualquer profissional... abordagem lógica, concreta e conclusiva...
> Jean Louis Vaysse, Vice-Presidente da Airbus (França)

... abordagem comprovada e revolucionária para quantificar riscos e oportunidades em um mundo incerto...
> Mike Twyman, Presidente, Soluções de Missão, Cubic Global Defense, Inc. (EUA)

... leitura obrigatória para quem trabalha em economia e investimentos... É a melhor maneira de quantificar riscos e opções estratégicas...
> Mubarak A. Alkhater, Diretor Executivo, Novos Negócios, Saudi Electric Co. (Arábia Saudita)

... técnicas de risco pragmáticas e poderosas, valiosas perspectivas teóricas e analíticas úteis na indústria...
> Dr. Robert S. Finocchiaro, Diretor, Serviços corporativos de P&D, 3M (EUA)

... as ferramentas de risco mais importantes em um único volume, fonte definitiva em gerenciamento de riscos com exemplos claros...
> Dr. Ricardo Valerdi, Sistemas de Engenharia, Instituto de Tecnologia de Massachusetts (EUA)

... conceitos passo a passo complexos com facilidade e clareza incomparáveis... uma "leitura obrigatória" para todos os profissionais...
> Dr. Hans Weber, Líder de Desenvolvimento de Produtos, Syngenta AG (Suíça)

... abordagem passo a passo clara... tecnologia de última geração na tomada de decisões para o mundo real dos negócios...
> Dr. Paul W. Finnegan, Vice-Presidente da Alexion Pharmaceuticals (EUA)

... Mapa de estradas e escopo claro de tópicos para criar estratégias e opções dinâmicas e ajustadas ao risco...
Jeffrey A. Clark, Vice-Presidente de Planejamento Estratégico,
A Timken Company (EUA)

... exploração claramente organizada e apoiada em ferramentas sobre riscos, opções e estratégias de negócios na vida real...
Robert Mack, vice-presidente, analista distinto,
Grupo Gartner (EUA)

... toda a gama de metodologias que quantificam e mitigam riscos para alcançar uma gestão de negócios eficaz...
Raymond Heika, Diretor de Planejamento Estratégico,
Northrop Grumman Corporation (EUA)

... leitura obrigatória para gerentes de portfólio de produtos... captura exposição de risco de investimentos estratégicos...
Rafael Gutierrez, Diretor Executivo de Planejamento Estratégico de Marketing da Seagate Technologies (EUA)

... temas complexos explicados excepcionalmente... que podem ser compreendidos e implementados...
Agustín Velázquez, Economista Sênior,
Banco Central da Venezuela (Venezuela)

... Fonte permanente de aplicações práticas com simplesmente excelente teoria de gerenciamento de riscos!
Alfredo Roisenzvit, Diretor Executivo/Professor,
Risk-Business Latin America (Argentina)

... o livro de modelagem de melhor risco agora é ainda melhor... leitura necessária para todos os executivos...
David Mercier, vice-presidente corporativo Dev.
Bonanza Creek Energy [Petróleo e Gás] (EUA)

... ponte entre teoria e prática, intuitiva com interpretações compreensíveis...
Luis Melo, Econometrist Sênior,
Banco da República da Colômbia (Colômbia)

... ferramentas valiosas para as empresas gerarem valor para seus acionistas e sociedade, mesmo em tempos difíceis...
Dr. Markus Gotz Junginger, Sócio Sênior,
Gallup (Alemanha)

SUMÁRIO

AVALIAÇÃO DO PROJETO

Todas as empresas possuem projetos de diferentes portes, requisitos de investimento, retornos, riscos e valores estratégicos e táticos. Este livro faz parte da série **Applied CQRM** (CQRM Aplicado) e abrange a valorização de tais projetos ou programas por meio de métodos de análise econômica e financeira. Técnicas analíticas avançadas e metodologias são posteriormente incorporadas *ao mix,* incluindo a execução de análise de cenário e sensibilidade, simulação de risco Monte Carlo, previsão preditiva e otimização do portfólio com seleção ótima de projetos, sujeitos a risco, restrições de orçamento, programação dentre outros tipos de restrições.

O software da **Ferramenta de Análise Econômica de Projetos** (PEAT) é usado para ilustrar como vários resultados econômicos e financeiros de um projeto podem ser calculados, incluindo Valor Presente Líquido (VPL), Taxa Interna de Retorno (TIR), Taxa Interna de Retorno Modificada (TIRM), Índice de Rentabilidade (IR), Retorno sobre o Investimento (ROI), Período de Retorno - *Payback* (PR) , e o *Payback* Descontado (PRD)

Este capítulo descreve as principais técnicas (VPL, TIR, TIRM, IR, ROI, PR e PRD) que são utilizadas na análise do orçamento de capital. Cada abordagem fornece um elemento diferente de informação, por isso, nesta era de computação, administradores ou gestores muitas vezes olham para todos os projetos acima ao avaliar projetos. No entanto, a VPL é a melhor medida, e hoje a grande maioria das empresas usa VPL. Abaixo você encontrará a lista de conceitos-chave para as principais técnicas incluídas neste livro:

- Orçamento de Capital é o processo de análise de projetos potenciais. As decisões de orçamento de capital são provavelmente as mais importantes que os administradores devem fazer. Tais decisões incluem se uma empresa deve substituir equipamentos obsoletos/danificados ou fazer substituições ou adições aos equipamentos existentes para reduzir custos; passando por alargamento; ou investir em um novo projeto ou máquinas. De um modo geral, o processo de orçamento de capital envolve simplesmente a escolha do melhor projeto, a partir de várias alternativas.

- Uma vez identificado orçamento de capital de um potencial projeto, a sua avaliação geralmente requer uma decisão sobre o custo do investimento do projeto, a estimativa do fluxo de caixa do projeto, a avaliação de risco do projeto e o custo de ajuste do capital ao risco do projeto, bem como a identificação dos principais indicadores econômicos e financeiros associados ao projeto.

- O *Período de Retorno (Payback)* é definido como o número de anos necessários para recuperar o custo do projeto. O método regular do *período de recuperação* ignora os fluxos de caixa além do período de recuperação, e não leva em conta o valor do dinheiro ao longo do tempo. No entanto, o *Payback* dá uma indicação dos riscos e liquidez de um projeto, pois mostra quanto tempo o capital investido "estará em risco".

- O método de *Período de Payback Descontado* é semelhante ao método de *Período de Payback* regular, exceto que desconta os fluxos de caixa e o custo de capital do projeto. Ele leva em conta o valor do dinheiro ao longo do tempo, mas ignora fluxos de caixa além do período de recuperação.

- O *Valor Presente Líquido* (VPL) desconta todos os fluxos de caixa, bem como custo de capital do projeto e, posteriormente, agrega esses fluxos de caixa. O projeto deve ser aceito caso a VPL seja positiva.

- A *Taxa Interna de Retorno* (TIR) é definida como a taxa de desconto que obriga o projeto VPL a ser igual a zero. O projeto deve ser aceito se a TIR for maior que o custo do capital.

- Os métodos VPL e TIR tomam as mesmas decisões para aceitar/rejeitar projetos independentes, mas se os projetos forem mutuamente exclusivos, conflitos podem surgir em termos de classificação. Se isso acontecer, o método VPL deve ser usado. Os métodos VPL e TIR são superiores ao método de retorno, mas a VPL é superior ao TIR.

- O método VPL pressupõe que os fluxos de caixa serão reinvestidos nas mesmas condições do custo de capital da empresa, enquanto o método TIR envolve reinvestimento para o TIR do projeto. O reinvestimento em termos de custo de capital é uma suposição melhor e está mais próximo da realidade.

- O método *Taxa Interna de Retorno Modificada* (TIRM) corrige alguns dos problemas com o TIR regular. A TIRM envolve encontrar o valor terminal das entradas de caixa, acumulados ao custo de capital da empresa, e, em seguida, determinar a taxa de desconto que obriga o valor presente do VF a corresponder ao valor presente da saída.

- O *Índice de Rentabilidade* (IR) mostra os valores monetários (por exemplo, dólares, reais etc.) do valor presente dividido pelo custo inicial, de modo que este índice mede a rentabilidade relativa.

- Administradores sofisticados levam em conta todas as medidas de avaliação do projeto porque cada medida fornece dados muito úteis.

- *Payback* mede liquidez, VPL mede o benefício direto do valor monetário. O TIR mede a porcentagem de retorno com uma margem de segurança incorporada. O TIRM mede um percentual de retorno levando em conta uma melhor taxa de reinvestimento, e o IR mede o valor que pode ser retirado do dinheiro.

- Um elemento essencial do orçamento de capital é a auditoria subsequente. Comparando resultados reais com previsões e determinando a razão das diferenças, os tomadores de decisão podem melhorar suas operações, bem como suas previsões dos resultados de seus projetos.

- As pequenas empresas tendem a usar o método de *Payback* em vez do método de fluxo de caixa descontado. O que pode ser lógico, pois (1) o custo de fazer a análise de fluxo de caixa descontado pode superar os benefícios para o projeto em análise, (2) o custo de capital da empresa não pode ser estimado com precisão, ou (3) o proprietário de uma pequena empresa pode ter objetivos não monetários.

- Se os projetos são mutuamente exclusivos e têm duração diferentes, pode ser necessário ajustar a análise para colocar os projetos na mesma base de igualdade. O método pode ser feito usando a abordagem da cadeia de substituição (vida útil comum).

- O verdadeiro valor do projeto pode ser maior que o VPL com base em sua vida física se ela pode acabar no final de sua vida econômica

- Os custos de flutuação e o aumento do risco associados a grandes programas de expansão incomuns podem levar a um aumento no custo do capital marginal à medida que o tamanho do orçamento de capital aumenta.

- O racionamento de capital ocorre quando a administração estabelece uma restrição sobre o tamanho do orçamento de capital da empresa durante um determinado período.

VALOR PRESENTE LÍQUIDO

O valor presente líquido (VPL) é simples e poderoso: todos os fluxos de caixa futuros são contabilizados em termos do custo de capital do projeto e, em seguida, *somados*. Observe que o fluxo de caixa (*Cash Flow*) em tempo zero (CF_0) geralmente é um número negativo, pois este pode ser um investimento inicial de capital no projeto. As complicações que podem surgir incluem diferentes períodos de duração e classificações utilizando TIR. A regra geral é que se o VPL > 0, aceita-se o projeto; se VPL < 0, rejeita-se o projeto; se o VPL = 0 é indiferente (outras variáveis qualitativas devem ser levadas em conta). VPL é a soma dos fluxos de caixa (*CF*) a partir do tempo zero ($t = 0$) até o período final de fluxo de caixa (*N*) descontado como alguma taxa de desconto (*k*),que geralmente é o custo médio ponderado de capital (*WACC*):

$$VPL = CF_0 + \frac{CF_1}{(1+k)^1} + \frac{CF_2}{(1+k)^2} + \ldots + \frac{CF_N}{(1+k)^N} = \sum_{t=0}^{N} \frac{CF_t}{(1+k)^t}$$

$$VPL = CF_0 + \frac{CF_1}{(1+WACC)^1} + \frac{CF_2}{(1+WACC)^2} + \ldots + \frac{CF_N}{(1+WACC)^N}$$
$$= \sum_{t=0}^{N} \frac{CF_t}{(1+WACC)^t}$$

O VPL tem uma relação direta entre valor econômico agregado (EVA) e valor agregado de mercado (MVA). É igual ao valor presente do EVA futuro do projeto e, portanto, uma VPL geralmente envolve um EVA e um MVA.

TAXA INTERNA DE RETORNO

A taxa interna de retorno (TIR) é a taxa de desconto que iguala o custo do projeto com a soma do fluxo de caixa atual do projeto. Ou seja, a VPL é definida como 0 e o k é resolvido na equação VPL, onde o k agora é chamado de TIR. Em outras palavras:

$$VPL = \sum_{t=0}^{N} \frac{CF_t}{(1+TIR)^t} = 0$$

Deve-se notar que pode haver múltiplos TIR quando o fluxo de caixa é errático. Da mesma forma, as classificações TIR e VPL podem ser diferentes. A regra geral é que você deve aceitar o projeto se o TIR for maior que a taxa de retorno exigida ou à taxa mínima aceitável de retorno ou ao custo de capital. Ou seja, se a TIR exceder o custo de capital necessário para financiar e pagar pelo projeto, um excedente permanece após o pagamento do projeto, repassando-o aos acionistas. Os métodos VPL e TIR tomam as mesmas decisões de aceitação/rejeição para *projetos independentes,* mas se os projetos forem *mutuamente exclusivos,* conflitos podem surgir dependendo de como os projetos são classificados. Se ocorrerem conflitos, o método VPL deve ser utilizado. (Ambos os métodos VPL e TIR são superiores ao *Payback*, mas o VPL é superior ao TIR.) Conflitos podem ocorrer quando o tempo de fluxo de caixa (a maioria dos fluxos de caixa ocorrem durante os primeiros anos em comparação com os anos subsequentes em outro projeto) e as quantidades (o custo de um projeto é significativamente maior do que outro) são muito diferentes de projeto para projeto. Finalmente, soluções com *múltiplas* TIR podem surgir em fluxos de caixa erráticos, como grandes saídas de caixa que ocorrem durante ou no final da vida do projeto. Nessas situações, o VPL fornece uma avaliação mais robusta e precisa do valor do projeto.

TAXA INTERNA DE RETORNO MODIFICADA

O método VPL pressupõe que os fluxos de caixa do projeto sejam reinvestidos em termos de custo de capital, enquanto o método TIR pressupõe que os fluxos de caixa do projeto sejam reinvestidos pela própria TIR do projeto. A taxa de reinvestimento de custo de capital é a abordagem mais correta, porque este é o custo de oportunidade do dinheiro da empresa (se os fundos não estavam disponíveis, então o capital é aumentado a esse custo).

A taxa interna de retorno modificada (TIRM) destina-se a superar duas deficiências no TIR. Primeiro, ajustando os fluxos de caixa para que sejam reinvestidos ao custo do capital e não em seu próprio TIR, e segundo, evitando a ocorrência de múltiplos TIRs, pois haverá apenas um único TIRM para todos os cenários de fluxo de caixa. Da mesma forma, VPL e TIRM geralmente resultarão na mesma seleção de projetos quando os projetos são do mesmo tamanho (eles podem resultar em diferenças significativas de escala e terminar em um conflito de classificação entre TIRM e VPL).

A TIRM é a taxa de desconto que obriga o valor presente dos custos de saída de caixa (COF) a ser igual ao valor presente do valor do terminal (o valor futuro da receita em dinheiro, ou CIF, acumulado em termos de custo de capital do projeto k).

$$\sum_{t=0}^{n} \frac{COF_t}{(1+k)^t} = \sum_{t=0}^{n} \frac{CIF_t(1+k)^{n-t}}{(1+TIRM)^n}$$

$$\sum_{t=0}^{n} \frac{COF_t}{(1+WACC)^t} = \sum_{t=0}^{n} \frac{CIF_t(1+WACC)^{n-t}}{(1+TIRM)^n}$$

$$VP \ Custos = \frac{Valor \ Terminal}{(1+TIRM)^n}$$

ÍNDICE DE RENTABILIDADE

O Índice de Rentabilidade (IR) é a razão da soma do valor presente dos fluxos de caixa ao custo inicial do projeto, que mede sua *rentabilidade relativa*. Um projeto é aceitável como IR > 1 e quanto maior o IR, maior a classificação do projeto. O IR é matematicamente muito semelhante ao Retorno sobre o Investimento (ROI). O IR é uma medida absoluta, enquanto o ROI é uma medida relativa. Retorna uma relação (a *razão* é um valor absoluto, ignorando o custo negativo do investimento) enquanto o ROI é geralmente descrito como uma porcentagem.

$$IR = \frac{\sum_{t=1}^{n} \frac{CF_t}{(1+k)^t}}{CF_0} = \frac{Beneficio}{Custo} = \frac{VP(CF)}{Custo\ Inicial}$$

$$ROI = \frac{\sum_{t=1}^{n} \frac{CF_t}{(1+k)^t} - CF_0}{CF_0} = \frac{Beneficio - Custo}{Custo} = IR - 1$$

Matematicamente, VPLs, TIR, TIRMs e IRs devem oferecer classificações semelhantes, mesmo que às vezes surjam conflitos, e todos os métodos devem ser levados em conta, pois cada um fornece um conjunto diferente de informações relevantes.

PERÍODO DE RETORNO (PAYBACK)

Simples, mas ineficaz em si, o período de retorno - *Payback* (RP) calcula o tempo necessário para recuperar o custo inicial (por exemplo, análise *breakeven*). Não leva em conta o valor do dinheiro ao longo do tempo, nem os vários ciclos de vida, após o ponto de equilíbrio inicial do retorno e ignora o custo do capital. A abordagem do período de retorno ajuda a identificar a *liquidez* do projeto, determinando quanto tempo os fundos serão congelados no projeto.

Retorno = *Ano antes da recuperação total* + [*custo não recuperado*

÷ *Fluxo de caixa no tempo t*]

PAYBACK DESCONTADO

O método de Payback Descontado (PRD) é semelhante ao método do *Payback*, mas os fluxos de caixa utilizados estão nos valores atuais (valor presente). Isso resolve o problema do custo de capital, mas a desvantagem de ignorar os fluxos de caixa, além do período de recuperação, ainda é mantida.

Retorno descontado
= Ano anterior ao retorno total
+ [custo não recuperado
÷ VP do fluxo de caixa no tempo t]

EXEMPLOS DE CÁLCULOS

Período de Retorno - Payback (PR)

Suponha que você tem que escolher entre projetos: A e B. O Projeto A custa US$442 e recupera US$200 nos próximos três anos, enquanto o Projeto B custa US$718 e recupera US$250, US$575 e US$100 nos três anos seguintes.

Os cálculos manuais são mostrados abaixo, bem como na Figura 1.1:

Payback descontado
= Ano anterior ao retorno total
+ [custo não recuperado
÷ VP de fluxo de caixa no tempo t]

2 anos são $200 + $200 ou $400 de recuperação, com $442 − $400
= $42 restantes a serem recuperados no ano3

Payback de A = 2 + [$42 ÷ $200] = 2,21 anos

O Payback de B está entre 1 e 2, na medida em que
− $718 é recuperado entre $250 no ano1 e $250
+ $575 no ano2 Payback B
= 1 + [($718 − $250) ÷ $575] = 1,81 anos

PERÍODO DE RETORNO - *Payback*

Suponha que você escolha entre dois projetos, **A** e **B**. O Projeto A custa $442, mas paga $200 pelos próximos 3 anos enquanto Projeto B custa US$ 718 e paga US$ 250, US$ 575 e US$ 100 pelos próximos 3 anos:

Projeto A:

Tempo	0	1	2	3
Fluxo Caixa	($442)	$200	$200	$200

Projeto B:

Tempo	0	1	2	3
Fluxo Caixa	($718)	$250	$575	$100

Calculamos o fluxo caixa positivo acumulado e encontramos o ano anterior ao retorno, e depois adicionamos a proporção de saldo não pago ao Fluxo Caixa do ano seguinte:

Projeto A:

Tempo	0	1	2	3
Fluxo Caixa	($442)	$200	$200	$200
CUM +CF		$200	$400	$600

Ano do payback:	2
Valor não pago:	($42)
Proporção do ano seguinte:	0,21
Período Payback (Anos):	**2,21**

Projeto B:

Tempo	0	1	2	3
Fluxo Caixa	($718)	$250	$575	$100
CUM +CF		$250	$825	$925

Ano do payback:	1
Valor não pago:	($468)
Proporção do ano seguinte:	0,81
Período Payback (Anos):	**1,81**

Figura 1.1: Cálculos manuais do Período de Retorno - *Payback*

- *Coloque de lado o valor do dinheiro ao longo do tempo.* Para resolver isso, use os valores presentes em vez dos fluxos de caixa, ou seja, use o *Payback* descontado. Isso significa que, no exemplo acima, os fluxos de caixa de $200, ou $250, de $575, e $100 são contabilizados pela primeira vez em títulos atuais. Veja a seguir o exemplo do Período de Retorno com Desconto.

- *Os fluxos de caixa restantes e o período são excluídos após o período de retorno.* Como exemplo, suponha que existam dois novos projetos: X e Y, com os fluxos de caixa listados abaixo. Ambos têm *Payback* idênticos, mas obviamente o projeto Y é superior, pois tem fluxos de caixa adicionais. Esses fluxos de caixa após o período de recuperação são ignorados.

Projeto X

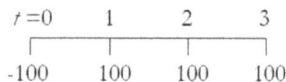

Retorno : 1 ano

Projeto Y

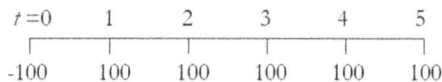

Retorno : 1 ano

Período de Retorno (*Payback*) Descontado (PRD)

Suponha que você tem que escolher entre dois projetos: **A** e **B**. O Projeto A custa $442, mas recupera $200 nos próximos 3 anos, enquanto o Projeto B custa $718 e recupera $250, $575 e $100 nos próximos 3 anos. Além disso, suponha que a taxa de desconto *WACC* [custo médio ponderado de capital] seja de 12%. Os cálculos manuais são mostrados abaixo e na Figura 1.2.

Retorno com desconto A = 2 + [($442 − $338,0) ÷ $142,4] = 2,73 *anos*

Retorno com desconto B = 2 + [($718 − $681.6) ÷ $71,2] = 2,51 *anos*

PERÍODO DE RETORNO COM DESCONTO

Suponha que você escolha entre dois projetos, A e B. O Projeto A custa $442, mas paga $200 pelos próximos 3 anos enquanto
O Projeto B custa US$ 718 e paga US$ 250, US$ 575 e US$ 100 pelos próximos 3 anos. Agora suponha que a taxa de desconto wacc seja de 12%.

Projeto A:

Tempo	0	1	2	3
Fluxo Caixa	($442)	$200	$200	$200

Projeto B:

Tempo	0	1	2	3
Fluxo Caixa	($718)	$250	$575	$100

Calculamos o fluxo caixa positivo cumulativo e encontramos o Ano do payback, e depois adicionamos a proporção de saldo não pago ao Fluxo Caixa ano seguinte:

Projeto A:

Tempo	0	1	2	3
Fluxo Caixa	($442)	$200	$200	$200
VP Fluxo Caixa	($442)	$178,6	$159,4	$142,4
CUM +FC	($442)	$178,6	$338,0	$480,4

Ano do payback:	2
Valor não pago:	($104)
Proporção do ano seguinte:	0,73
Período Payback (Anos):	**2,73**

Projeto B:

Tempo	0	1	2	3
Fluxo Caixa	($718)	$250	$575	$100
VP Fluxo Caix	($718)	$223,2	$458,4	$71,2
CUM +FC	($718)	$223,2	$681,6	$752,8

Ano do payback:	2
Valor não pago:	($36)
Proporção do ano seguinte:	0,51
Período Payback (Anos):	**2,51**

Figura 1.2: Cálculos manuais do Período de Retorno (*Payback*) Descontado

Valor Presente Líquido (VPL)

Usando como exemplo, os projetos **A** e **B** abaixo, qual projeto é melhor assumir que há uma taxa de desconto *WACC* de 12%? Aplique o método VPL.

Projeto **A**

$t=0$ 1   2   3

-442   200   200   200

Projeto **B**

$t=0$ 1   2   3

-718   250   575   100

$$VPL = CF_0 + \frac{CF_1}{(1+k)^1} + \frac{CF_2}{(1+k)^2} + \cdots + \frac{CF_N}{(1+k)^N} = \sum_{t=0}^{N} \frac{CF_t}{(1+k)^t}$$

$$VPL_A = -\$442 + \frac{\$200}{(1+0,12)^1} + \frac{\$200}{(1+0,12)^2} + \frac{\$200}{(1+0,12)^3}$$

$$VPL_A = -\$442 + \$178.6 + \$159.4 + \$142.4 = \$38.37$$

$$VPL_B = -\$718 + \frac{\$250}{(1+0,12)^1} + \frac{\$575}{(1+0,12)^2} + \frac{\$100}{(1+0,12)^3}$$

$$VPL_A = -\$718 + \$223,2 + \$458,4 + \$71,2 = \$34,78$$

Se compararmos **A** e **B**, **A** tem uma VPL maior, então você deve escolher **A** antes de **B**, embora ambos os projetos devem ser realizados se houver fundos suficientes, caso contrário, apenas o projeto **A** deve ser realizado. A classificação permanece a mesma, mas os valores de VPL diferem ao usar taxas de desconto diferentes. A Figura 1.3 mostra cálculos no Excel usando função VPL. Deve-se notar que o recurso de VPL do Excel começa a partir do *Ano1*, o que significa que você deve definir a função por 1 ano para *n* fluxos de caixa, e adicionar o fluxo de caixa do *Ano0*, conforme ilustrado pelas duas funções VPL na Figura 1.3.

PERÍODO DE RETORNO COM DESCONTO

Suponha que você escolha entre dois projetos, **A e B**. O Projeto A custa $442, mas paga $200 pelos próximos 3 anos enquanto
O Projeto B custa US$ 718 e paga US$ 250, US$ 575 e US$ 100 pelos próximos 3 anos. Agora suponha que a taxa de desconto wacc seja de 12%.

Projeto A:

Tempo	0	1	2	3
Fluxo Caixa	($442)	$200	$200	$200

Projeto B:

Tempo	0	1	2	3
Fluxo Caixa	($718)	$250	$575	$100

Calculamos o fluxo caixa positivo cumulativo e encontramos o Ano do payback, e depois adicionamos a proporção de saldo não pago ao Fluxo Caixa
ano seguinte:

Projeto A:

Tempo	0	1	2	3
Fluxo Caixa	($442)	$200	$200	$200
VP Fluxo Caixa	($442)	$178,6	$159,4	$142,4
CUM +FC	($442)	$178,6	$338,0	$480,4

Ano do payback:	2
Valor não pago:	($104)
Proporção do ano seguinte:	0,73
Período Payback (Anos):	**2,73**

Projeto B:

Tempo	0	1	2	3
Fluxo Caixa	($718)	$250	$575	$100
VP Fluxo Caix	($718)	$223,2	$458,4	$71,2
CUM +FC	($718)	$223,2	$681,6	$752,8

Ano do payback:	2
Valor não pago:	($36)
Proporção do ano seguinte:	0,51
Período Payback (Anos):	**2,51**

Tabela 1.3: Cálculos manuais do Valor Presente Líquido

Taxa Interna de Retorno (TIR)

Tomando o mesmo cenário como exemplo, calcule o TIR para os projetos A e B, assumindo uma taxa de desconto WACC de 12% (isso agora será usado como a taxa mínima aceitável de retorno). Devemos aceitar os dois projetos novamente, e qual projeto é melhor?

$$VPL = \sum_{t=0}^{N} \frac{CF_t}{(1 + TIR)^t} = 0$$

$$VPL = CF_0 + \frac{CF_1}{(1 + TIR)^1} + \frac{CF_2}{(1 + TIR)^2} + \ldots + \frac{CF_N}{(1 + TIR)^N} = \sum_{t=0}^{N} \frac{CF_t}{(1 + TIR)^t}$$

$$-\$442 + \frac{\$200}{(1 + TIR_A)^1} + \frac{\$200}{(1 + TIR_A)^2} + \frac{\$200}{(1 + TIR_A)^3} = 0$$

$$-\$718 + \frac{\$250}{(1 + TIR_B)^1} + \frac{\$575}{(1 + TIR_B)^2} + \frac{\$100}{(1 + TIR_B)^3} = 0$$

Por tentativa e erro, otimização simples ou função de pesquisa (*Atingir Meta* no Excel), oberamos 16,99% de TIR para o Projeto A e 14,99% para o Projeto B. A decisão deve ser escolher o Projeto A sobre B, pois tem um retorno maior (TIR) e um *TIR* > *k* para ambos. A Figura 1.4 exibe cálculos anuais de TIR utilizando a função TIR do Excel (ao contrário da função VPL que começa com o fluxo de caixa do *Ano1*, a função TIR começa com o fluxo de caixa do *Ano0*, como mostrado no gráfico).

Múltiplas Taxas Internas de Retorno

Quando os fluxos de caixa são + e –, vários TIRs podem existir. Por exemplo, pense em um projeto que custa –$1,6 milhão com retornos de +$10 milhões no primeiro ano e uma perda de –$10 milhões no segundo ano. Qual é o TIR do projeto?

$$VPL = -\$1.6 + \frac{\$10}{(1 + TIR)^1} + \frac{-\$10}{(1 + TIR)^2} = 0$$

Resolvendo Retornos $TIR = 25\%$ e 400%

A conclusão é que todos os métodos disponíveis devem ser usados para ver qual deles faz mais sentido. Em situações comuns, todos devem produzir resultados semelhantes. A Figura 1.5 mostra que pode haver vários erros de TIR com um fluxo de caixa flutuante.

Projeto A:

Tempo	0	1	2	3
Fluxo Caixa	($442)	$200	$200	$200

Projeto B:

Tempo	0	1	2	3
Fluxo Caixa	($718)	$250	$575	$100

Manualmente:: Calculamos o Valor Presente (PV) dos Fluxos Caixa (CF) e soma-los para obter o Valor Presente Líquido (VPL) e, em seguida, realizar um teste da trial and error test of the required discount rate such that VPL = 0, or use a Goal Seek method to obtain the TIR result.

Projeto A:

Tempo	0	1	2	3
Fluxo Caixa	($442)	$200	$200	$200
VPFC	($442,0)	$171,0	$146,1	$124,9
TEST RATE	16,99%			
SOMA (VPL)	$0,00			

Projeto B:

Tempo	0	1	2	3
Fluxo Caixa	($718)	$250	$575	$100
PV Fluxo Caix	($718,0)	$217,4	$434,8	$65,8
TEST RATE	14,99%			
SOMA (VPL)	$0,00			

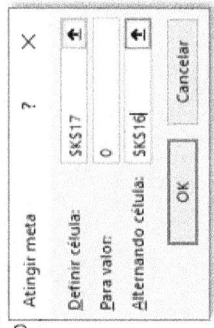

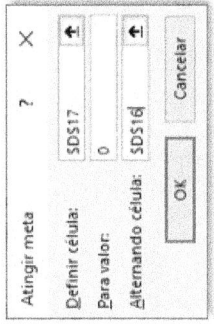

Atingir meta ? ×

Definir célula: D17
Para valor: 0
Alternando célula: D16

OK   Cancelar

Atingir meta ? ×

Definir célula: K17
Para valor: 0
Alternando célula: K16

OK   Cancelar

Usando a função TIR do Excel:

TIR 16,99% <<=TIR(D14:G14) >>

TIR 14,99% <<=TIR(K14:N14) >>

* Tenha cuidado, pois a função VPL do Excel requer que a FC inicial seja do ano 1 e não do ano 0, o que significa que você precisa adicionar FC de volta no ano 0, caso contrário você obterá resultados incorretos (por exemplo, em vez de US$ 38,37, você receberá US$ 34,26, e em vez de US$ 34,78, você recebe US$ 31,05).

Figura 1.4: Cálculos manuais da Taxa Interna de Retorno

EXEMPLO DE ERRO DE TIR MÚLTIPLO

Quando o Fluxo Caixas é + e −, pode haver várias TIRs. Por exemplo, considere um projeto custando US$ 1,6 milhão e devolvendo +$10 Milhões no primeiro ano e uma perda de -$10 milhões no segundo ano. **Qual é o TIR do projeto?**

Resultado 1:

Tempo	0	1	2
Fluxo Caixa	($1,6)	$10,0	($10,0)

Resultado 2:

Tempo	0	1	2
Fluxo Caixa	($1,6)	$10,0	($10,0)

Manualmente:: Calculamos o Valor Presente (VP) dos Fluxos Caixa (FC) e soma-los para obter o Valor Presente Líquido (VPL) e, em seguida, realizar um teste de tentativa-e-erro da taxa de desconto necessária, de tal forma que VPL = 0, ou usar um método de *Atingir Meta* para obter o resultado TIR.

Resultado 1:

Tempo	0	1	2
Fluxo Caixa	($1,6)	$10,0	($10,0)
VPFC	($1,6)	$8,0	($6,4)
TEST RATE	25,0%		
SOMA (VPL)	$0,00		

Resultado 2:

Tempo	0	1	2
Fluxo Caixa	($1,6)	$10,0	($10,0)
VP Fluxo Caixa	($1,6)	$2,0	($0,4)
TEST RATE	400,0%		
SOMA (VPL)	$0,00		

Figura 1.5: Múltiplos erros de TIR

Taxa interna de retorno modificada (TIRM)

Conforme especificado anteriormente, calcule o TIRM para os dois projetos A e B. A Figura 1.6 mostra cálculos manuais para a Taxa Interna de Retorno Modificada (**TIRM**) usando Fluxos de Caixa Saída de (**COFs**) e Fluxos de Caixa de Entrada (**CIFs**):

$$\sum_{t=0}^{n} \frac{COF_t}{(1 + WACC)^t} = \sum_{t=0}^{n} \frac{CIF_t (1 + WACC)^{n-t}}{(1 + TIRM)^n}$$

que é equivalente a

$$|VP\ Custos| = \frac{Valor\ Terminal}{(1 + TIRM)^n}$$

$$VP\ Custos = \frac{-\$442}{(1 + 0,12)^0} = -\$442$$

$$Valor\ Terminal_A = \frac{\$200}{(1 + 0,12)^2} + \frac{\$200}{(1 + 0,12)^1} + \frac{\$200}{(1 + 0,12)^0}$$

$$= \$250,9 + \$224,0 + \$200,0 = \$674,9$$

$$|VP\ Custos_A| = \frac{Valor\ Terminal_A}{(1 + TIRM_A)^n} \quad \$442 = \frac{\$674,9}{(1 + TIRM)^3}$$

Resolução de Rendimentos TIRM - 15,15% para o Projeto A.

$$Valor\ Terminal_B = \frac{\$250}{(1 + 0,12)^2} + \frac{\$575}{(1 + 0,12)^1} + \frac{\$100}{(1 + 0,12)^0}$$

$$= \$313,6 + \$644,0 + \$100,0 = \$1057,6$$

$$VP\ Custos = \frac{-\$718}{(1 + 0,12)^0} = -\$718$$

$$|VP\ Custos_A| = \frac{Valor\ Terminal_A}{(1 + TIRM_A)^n} \ significa\ \$718 = \frac{\$1057,6}{(1 + TIRM)^3}$$

Resolução de Rendimentos TIRM - 13,78% para o Projeto B.

Índice de Rentabilidade e Retorno Sobre o Investimento (IR e ROI)

Calcular o Índice de Rentabilidade (IR) e o Retorno Sobre o Investimento (ROI) nos Projetos A e B especificados anteriormente. A Figura 1.7 mostra os cálculos manuais do RI e do ROI.

$$IR = \frac{\sum_{t=1}^{n} \frac{CF_t}{(1+k)^t}}{CF_0} = \frac{Beneficio}{Custo} = \frac{VP\ CF}{Custo\ Inicial}$$

$$IR = \frac{\sum_{t=1}^{n} \frac{CF_t}{(1+k)^t}}{CF_0}$$

$$IR_A = \frac{\frac{\$200}{(1+0,12)^1} + \frac{\$200}{(1+0,12)^2} + \frac{\$200}{(1+0,12)^3}}{\frac{\$442}{(1+0,12)^0}} = \frac{\$480.4}{\$442,0} = 1,0868$$

$$ROI = \frac{\sum_{t=1}^{n} \frac{CF_t}{(1+k)^t} - CF_0}{CF_0} = \frac{Beneficio - Custo}{Custo}$$

$$ROI_A = IR - 1 = 1,0868 - 1 = 8,68\%$$

$$IR_B = \frac{\frac{\$250}{(1+0.12)^1} + \frac{\$575}{(1+0,12)^2} + \frac{\$100}{(1+0,12)^3}}{\frac{\$718}{(1+0.12)^0}} = \frac{\$752.8}{\$718,0} = 1,0484$$

$$ROI_B = IR - 1 = 1,0484 - 1 = 4,84\%$$

Vemos que o ROI e o IR do Projeto A excedem os do Projeto B, por isso recomendamos avançar com o Projeto A em vez do Projeto B.

TAXA INTERNA DE RETORNO MODIFICADA (TIRM)

Suponha que você escolha entre dois projetos, A e B. O **Projeto A** custa $442, mas paga $200 pelos próximos 3 anos enquanto
o **Projeto B** custa US$ 718 e paga US$ 250, US$ 575 e US$ 100 pelos próximos 3 anos. Agora suponha que a taxa de desconto **wacc** seja de 12%.

Projeto A:

Tempo	0	1	2	3
Fluxo Caixa	($442)	$200	$200	$200

Projeto B:

Tempo	0	1	2	3
Fluxo Caixa	($718)	$250	$575	$100

Manualmente: Calculamos o Valor Presente (VP) dos Fluxos Caixa (FC) e soma-los para obter o Valor Presente Líquido (VPL) e, em seguida, realizar
um teste de tentativa-e-erro da taxa de desconto necessária, de tal forma que VPL = 0, ou usar Dados|Teste de Hipóteses|Atingir Meta
para obter o valor do TIR.

Projeto A:

Tempo	0	1	2	3
Fluxo Caixa	($442)	$200	$200	$200
VP (COF)	($442,0)			
VF (CIF)		$250,9	$224,0	$200,0
VT (SOMA CIF)	$674,9 =SOMA(E16:G16)			
VP de VT	$442,0 =D17/(1+D19)^3			
TEST RATE	15,15%			
SOMA (VPL)	$0,0			

Projeto B:

Tempo	0	1	2	3
Fluxo Caixa	($718)	$250	$575	$100
VP (COF)	($718,0)			
VF (CIF)		$313,6	$644,0	$100,0
VT (SOMA CIF)	$1.057,6			
VP de VT	$718,0			
TEST RATE	13,78%			
SOMA (VPL)	($0,0)			

Atingir meta (Projeto A):
Definir célula: D20
Para valor: 0
Alternando célula: D19
OK   Cancelar

Atingir meta (Projeto B):
Definir célula: k20
Para valor: 0
Alternando célula: K19
OK   Cancelar

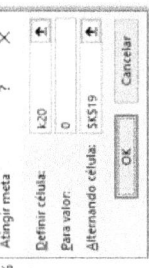

Usando a função MTIR do Excel:

TIRM	15,15% << =MTIR(D14:G14,12%,12%) >>		TIRM	13,78% << =MTIR(K14:N14,12%,12%) >>

*A taxa de reinvestimento deverá ser o custo de capital no método TIRM. Se você definir a taxa de reinvestimento da função TIRM para ser igual ao TIR,
você obtém o resultado TIR mais uma vez. Por exemplo, se você calcular =MTIR(D14:G14,16,99%), você recebe 16,99%, o TIR para o projeto A.

Figura 1.6: Cálculos manuais da Taxa Interna de Retorno Modificada

ÍNDICE DE RENTABILIDADE (RI) E RETORNO SOBRE INVESTIMENTO (ROI)

Suponha que você escolha entre dois projetos, A e B. O Projeto A custa $442, mas paga $200 pelos próximos 3 anos enquanto
O Projeto B custa US$ 718 e paga US$ 250, US$ 575 e US$ 100 pelos próximos 3 anos. Agora suponha que a taxa de desconto wacc seja de 12%.

Projeto A:

	Tempo	0	1	2	3
	Fluxo Caixa	($442)	$200	$200	$200

Projeto B:

	Tempo	0	1	2	3
	Fluxo Caixa	($718)	$250	$575	$100

Manualmente:: Calculamos o Valor Presente (VP) dos Fluxos Caixa (FC) para a FC negativa (custo de investimento) e FC positiva:

Projeto A:

	Tempo	0	1	2	3
	Fluxo Caixa	($442)	$200	$200	$200
	VPFC	($442,0)	$178,6	$159,4	$142,4
ABS(CF(0)) Custo	$442,0		<< =ABS(D15) >>		
SOMA FC(i)	$480,4		<< =SOMA(E15:G15) >>		

Projeto B:

	Tempo	0	1	2	3
	Fluxo Caixa	($718)	$250	$575	$100
	PV Fluxo Caixa	($718,0)	$223,2	$458,4	$71,2
ABS(CF(0)) Custo	$718,0		<< =ABS(#15) >>		
SOMA FC(i)	$752,8		<< =SOMA(L15:N15) >>		

Índice Rentabilidade (RI)	1,086801	<< =D17/D16 >>
Retorno Investimento (ROI)	8,68%	<< =(D17-D16)/D16 >>

Índice de Rentabilidade (RI)	1,04844	<< =K17/K16 >>
Retorno do Investimento (ROI)	4,84%	<< =(K17-K16)/K16 >>

* Geralmente convertemos o custo inicial de investimento (um valor negativo) em um valor absoluto positivo para simplificar os cálculos, caso contrário é difícil manter
em mente quais valores são positivos e quais são negativos. O valor do **ROI** é simplesmente **RI - 1**, em porcentagem.

Figura 1.7: Cálculos manuais sobre a *Payback* e Retorno sobre o Investimento

2

SOFTWARE PEAT

Para começar, siga os passos abaixo:

1. Inicie o software PEAT.

2. Selecione um *Módulo* que deseja executar (p.ex., *Investimentos Corporativos - FDC Estocástico*) na tela de boas-vindas (Figura 2.1); módulos adicionais serão adicionados em edições futuras).

3. Clique em *Iniciar Módulo* selecionado (para iniciar um novo modelo desde o início ou abrir um modelo previamente salvo) ou *Carregar Exemplos* (esta última opção é útil para orientar no aprendizado das funções do software). Para continuar com os exemplos, selecione *Fluxo de Caixa Descontado Estocástico* e clique em *Carregar Exemplos.*

Os itens do menu no software PEAT são relativamente simples (p.ex., *Arquivo | Novo* ou *Salvar*). O software também é organizado em um formato tabulado. Nos Menus existem três níveis de guias e é recomendável que você, ao realizar sua análise, siga a sequência de cima para baixo e da esquerda para a direita. Complete o nível mais baixo da esquerda para a direita antes de subir para um nível mais alto.

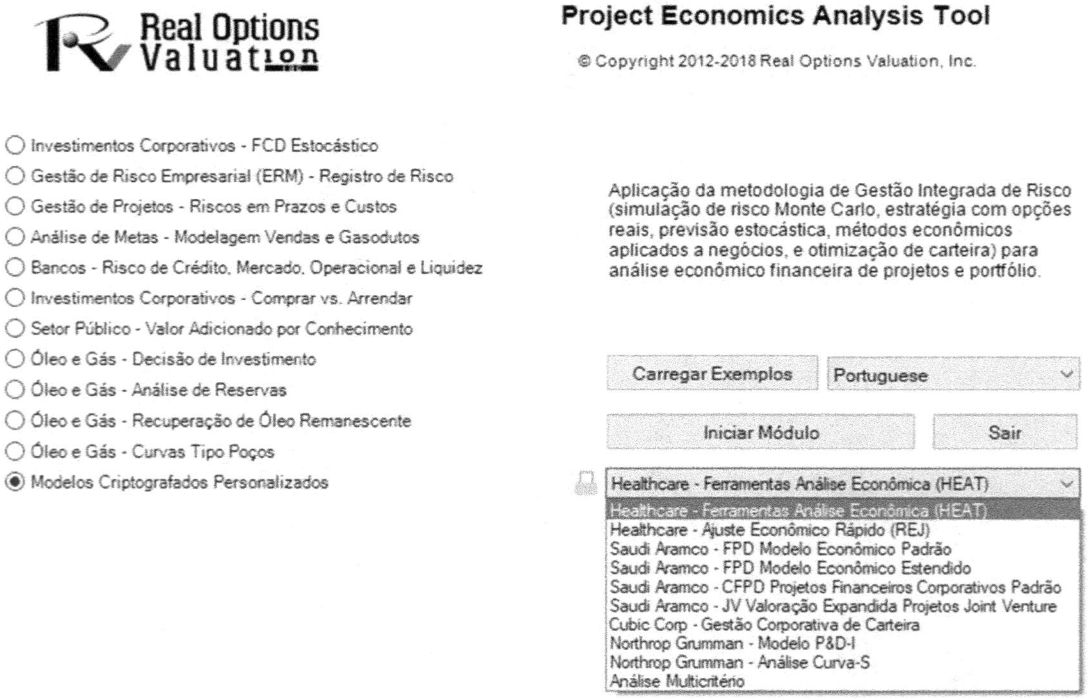

Real Options Valuation

○ Investimentos Corporativos - FCD Estocástico
○ Gestão de Risco Empresarial (ERM) - Registro de Risco
○ Gestão de Projetos - Riscos em Prazos e Custos
○ Análise de Metas - Modelagem Vendas e Gasodutos
○ Bancos - Risco de Crédito. Mercado. Operacional e Liquidez
○ Investimentos Corporativos - Comprar vs. Arrendar
○ Setor Público - Valor Adicionado por Conhecimento
○ Óleo e Gás - Decisão de Investimento
○ Óleo e Gás - Análise de Reservas
○ Óleo e Gás - Recuperação de Óleo Remanescente
○ Óleo e Gás - Curvas Tipo Poços
● Modelos Criptografados Personalizados

Project Economics Analysis Tool

© Copyright 2012-2018 Real Options Valuation. Inc.

Aplicação da metodologia de Gestão Integrada de Risco (simulação de risco Monte Carlo, estratégia com opções reais, previsão estocástica, métodos econômicos aplicados a negócios, e otimização de carteira) para análise econômico financeira de projetos e portfólio.

Carregar Exemplos	Portuguese	>

Iniciar Módulo	Sair

Healthcare - Ferramentas Análise Econômica (HEAT)	>

Healthcare - Ferramentas Análise Econômica (HEAT)
Healthcare - Ajuste Econômico Rápido (REJ)
Saudi Aramco - FPD Modelo Econômico Padrão
Saudi Aramco - FPD Modelo Econômico Estendido
Saudi Aramco - CFPD Projetos Financeiros Corporativos Padrão
Saudi Aramco - JV Valoração Expandida Projetos Joint Venture
Cubic Corp - Gestão Corporativa de Carteira
Northrop Grumman - Modelo P&D-I
Northrop Grumman - Análise Curva-S
Análise Multicritério

Figura 2.1 - Janela de boas-vindas PEAT

Navegando dentro do software PEAT

A seguir descrevemos os módulos ou guias do software PEAT:

- **Fluxo de Caixa** (*nível 1*). O conteúdo da guia deste *nível 1* e suas subguias mudarão dependendo do módulo selecionado assim que você iniciar o software pela primeira vez.

- **Cálculos Personalizados** (*nível 2*). Permite que você insira seu próprio modelo e cálculos personalizados, podendo vincular às células de outras subguias.

- **Projetos**. Esta guia contém a lista de projetos utilizados como a base do modelo de entradas do módulo. Você pode inserir, excluir, editar ou reorganizar essas guias de Projetos clicando no *Menu: Projetos| Adicionar, Excluir, Duplicar, Reorganizar,* ou *Renomear Projeto.* A subguia *Projeto* é uma indicação disso, um caminho de implementação ou uma decisão estratégica alternativa. Em cada subguia de *Projeto*, as seguintes subguias *nível 3* estão disponíveis dependendo do módulo selecionado:

  - **Fluxo de Caixa** (*nível 3*). Aqui você pode entrar: despesas, renda, investimentos de capital, início e fim de anos para o modelo de fluxo de caixa, taxa de desconto e taxas de imposto.

  - **Premissas de Entrada.** Receitas, despesas, Investimentos de capital, início e fim de anos para o modelo de fluxo de caixa, taxa de desconto, taxas de imposto podem ser informados nessa região.

  - **2. Índices.** Serão inseridos dados adicionais do Balanço Patrimonial (p.ex., Ativos Correntes, Ações em Circulação, Total Capital, Total Obrigações etc.) e mostrado os principais indicadores e informações financeiras relevantes (EBIT *[EBIT]*, Lucro Líquido, Fluxo de Caixa Líquido, Fluxo de Caixa Operacional, Valor Econômico Agregado, Retorno sobre o Capital Investido, Margem de Lucro Líquido etc.).

  - **Resultados Econômicos.** Essa guia retorna indicadores econômicos e financeiros calculados como Valor Presente Líquido (VPL), Taxa Interna de Retorno (TIR), Taxa Interna de Retorno Modificada (TIRM), Índice de Rentabilidade (IR), Retorno sobre o Investimento (ROI), Período de Retorno - *Payback* (PR) e Período de Retorno Descontado (PRD). Ele também apresenta um Gráfico pivô que permite visualizar o Perfil VPL (valores de VPL calculados dependendo das diferentes taxas de desconto), a série temporal de fluxos de caixa para o Projeto e outras métricas financeiras calculadas.

- o **Informações e Detalhes.** Aqui você pode inserir as informações e notas relacionadas aos projetos que aparecerão no Relatório.

- **Análise Portifólio.** Essa guia apresente indicadores financeiros e econômicos calculados como: VPL, TIR, TIRM, IR, ROI, PR e PRD para todos os Projetos combinados em uma visão de portfólio. As tabelas de Desempenho Econômico (*nível 3*) mostram os indicadores financeiros e econômicos individuais do projeto, enquanto na visão do *nível 2*, Análise de Portfólio, apresenta os resultados de todos os indicadores do Projeto e os compara entre si. Há também duas Figuras disponíveis para comparar esses resultados individuais do Projeto.

  - o **Análise aplicada.** Esta seção permite que você execute uma Análise de Tornado e Cenário em qualquer um dos Projetos Previamente Modelados: esta guia de análise está no *nível 1*, o que significa que abrange todos os diferentes Projetos no *nível 2*. Portanto, você pode executar o Tornado ou Cenário em qualquer um dos Projetos.

    - **Tornado Estático.** A Análise Tornado é uma análise de sensibilidade estática da saída selecionada do Projeto, para cada uma das suposições de entrada, variando-as uma de cada vez, e classificando desde a de maior para de menor impacto. Esta análise avalia todas as variáveis anteriores no modelo de forma independente.

    - **Análise de Cenários.** A análise de cenários também é um modelo de sensibilidade estática que pode ser facilmente realizado em um processo de duas etapas: configurar o modelo e executá-lo. Esta análise avalia uma ou duas variáveis utilizando uma série de cenários para determinar a saída selecionada.

- **Configurações de Entradas de Cenário.** É aqui que você configuraria as variáveis para testar e especificar seus intervalos e cenários.

- **Gráficos de Saída de Cenário.** É aqui que você executa os cenários salvos e obtém os gráficos de cenário codificados por cores ("pontos ideais" e "pontos sensíveis")

o **Simulação de Risco.** Configure e execute simulações de risco Monte Carlo em qualquer um de seus Projetos. Especificamente, você pode configurar suposições de distribuição de probabilidades em qualquer combinação de entradas, executar uma simulação de risco de dezenas de milhares de testes e recuperar as saídas de previsões simuladas, como Figuras, estatísticas, probabilidades e intervalos de confiança, a fim de desenvolver perfis abrangentes de risco de projeto.

- **Definir Premissas de Entrada.** Para iniciar a análise de simulação, primeiro defina uma distribuição para cada entrada crítica selecionada.

- **Resultados da Simulação.** Exibe os histogramas dos resultados simulados (PDF/CDF), as estatísticas da simulação de risco, percentis, probabilidades e intervalos de confiança de sua simulação.

- **Resultados Sobrepostos.** Várias variáveis de saída em modelos de simulação podem ser comparadas ao mesmo tempo usando a guia Resultados Sobrepostos.

- **Análise Alternativa.** Esta subguia exibe os resultados das estatísticas de simulação em um formato de tabela, bem como um gráfico, para que um Projeto possa ser comparado a outro.

- **Sensibilidade Dinâmica.** Depois de executar uma simulação, é disponibilizado a análise dinâmica de sensibilidade.

o **Análise de Estratégias.** Nesse ambiente você pode desenhar seu próprio mapa estratégico ou caminhos estratégicos com base em opções reais. Esta seção só permite desenhar e visualizar esses caminhos estratégicos e não faz nenhum cálculo. A próxima seção, Valoração de Opções, realmente serão executados os cálculos.

o **Valoração de Opções.** Esta guia faz os cálculos dos modelos de Avaliação de Opções Reais.

  - **Passos 1 a 5 – Modelagem de Opção.** É aqui que você começa escolhendo e configurando o modelo de opções reais para calcular.

  - **Estratégias.** Fornece um exemplo visual da opção real selecionada.

  - **Sensibilidade.** Apresenta uma Tabela com resumo da análise de sensibilidade estática do modelo de opções reais.

  - **Tornado.** Apresenta um gráfico tornado do modelo de opções reais.

  - **Cenário.** Executa uma Tabela de cenários para o modelo de opções reais.

o **Previsão.** Trata-se de um sofisticado módulo de Análise de Negócios e Estatística com mais de 220 funções.

  - **Conjunto de dados.** Insira e edite seus dados aqui.

  - **Visualizar.** Você pode traçar qualquer variável de dados que você inseriu.

  - **Comando.** Oferece uma alternativa e uma maneira mais rápida de executar os modelos no módulo Forecast.

- **Análise.** Configure modelos analíticos (escolha o modelo, forneça as variáveis de dados relevantes e defina os parâmetros do modelo).

- **Resultados.** Exibe os resultados do modelo analítico, se aplicável.

- **Gráficos.** Gráficos dos resultados do modelo analítico, se aplicável.

- **Estatísticas.** Retorna as estatísticas do modelo analítico, se aplicável.

○ **Otimização de Portfólio.** Na seção *Otimização de Portfólio*, projetos individuais podem ser modelados como um portfólio e otimizados para determinar a melhor combinação de projetos para o portfólio.

- **Parâmetros da Otimização.** Inicie a análise definindo a meta, as variáveis de decisão e as restrições de portfólio aqui.

- **Resultados da Otimização.** Essa guia retorna os resultados do processo de otimização do portfólio.

- **Personalização Avançada de Otimização.** Nesta janela, você pode criar e resolver seus próprios modelos de otimização personalizada

○ **Central de Instruções.** Para você se atualizando sobre o uso deste software, aqui você encontrará guias de iniciação rápida e procedimentos de amostra que vão direto ao ponto.

- **Procedimentos passo-a-passo.** Aqui estão algumas lições rápidas que vão no ritmo de cada pessoa sobre o uso de PEAT.

- **Lições Básicas de Análise Econômica de Projetos.** Esta seção fornece uma visão geral de alguns conceitos comuns envolvidos com análise de fluxo de caixa e análise econômica de projetos como: VPL, TIR, TIRM, IR, ROI, PR, PRD, bem como a base para a interpretação de gráficos de simulação de previsão PDF/CDF.

o **Vídeos para Iniciar.** Aqui você pode ver uma breve descrição e exemplos práticos de como executar uma das seções dentro deste software PEAT.

o **Importar Dados.** Há uma função do menu *Arquivo|Importar Dados* para carregar arquivos específicos do Excel. Localize os modelos de amostra na pasta de instalação do PEAT (p.ex., C:\Arquivos do Programa (x86)\Real Options Valuation\ROV PEAT e localize as duas versões do modelo, *"DCF Upload Template.xlsx"* e *"DCF Upload Template with Automation.xlsx"*. O primeiro arquivo contém um modelo simples para carregar 12 anos e 6 categorias de receita e custos, o que na maioria dos casos é suficiente. Este arquivo tem uma ampla área à direita, caso você precise de espaço para tomar notas. O segundo arquivo contém automação adicional e suporta até 10 categorias de receita e custo e até 50 anos de fluxos de caixa, mas com áreas limitadas no direito de tomar notas adicionais. Independentemente de qual arquivo seja usado, observe o seguinte:

  ▪ Você não precisa preencher todas as linhas. Nas linhas aplicáveis, digite as informações relevantes nas células com bordas. Observe que há verificação de erros para entradas de dados, onde é necessário que *Min* ≤ *Provável* ≤ Max.

  ▪ Somente planilhas prefixadas com *"DCF"* serão importadas para o PEAT; nenhuma outra planilha sem este prefixo será carregada. Isso permite que você salve planilhas intermediárias adicionais nesta mesma pasta de trabalho que não será carregada para o PEAT

  ▪ O *Nome Reduzido do Projeto* (célula B5) será a guia com o nome do projeto em PEAT. Certifique-se de que este é um nome único, curto e simples, mas ao mesmo tempo, descritivo, caso contrário, a função de importação não funcionará corretamente.

- Prossigam para incluir *Ano de Início* e *Ano de Conclusão,* onde o *Ano de Início* < *Ano de Conclusão.* Note-se que o ano inicial é o ano base com o qual o desconto será definido como o ano do valor presente. Preencha a entrada dos dados preliminares com a faixa de taxas de desconto e taxas marginais de impostos (desconto e alíquotas podem ser estáticos sem definir uma faixa). O modelo adicionará automaticamente as colunas relevantes com base no ano de conclusão inserida.

- Para cada linha de receita, custos e investimentos, digite os nomes dos conjuntos de itens (coluna B) e digite os valores mínimos, mais prováveis e máximos para cada ano. Se houver linhas não usadas, deixe essas seções completamente sem serem usadas. Uma vez terminado, clique em *Salvar Como,* para criar um nome de arquivo e sair do Microsoft Excel.

- Para executar o valor dos dados, inicie o PEAT e selecione *Investimentos Corporativos – FCD Estocástico.* Então, clique em *Arquivo | Importar Dados* e navegue para este arquivo Excel salvo. Uma vez que a importação tenha sido bem sucedida, lembre-se de salvar o arquivo PEAT. Em seguida, prossiga para executar os modelos como de costume.

- Observe que a função de importação atualmente suporta apenas distribuições triangulares, ou seja, entradas mínimas, prováveis e máximas. Esses cenários de simulação serão automaticamente importados para a guia de suposições de simulação PEAT com testes padrão de 10.000 cenários e um valor de semente de

123. Claramente, estes podem ser alterados conforme necessário.

- Ao adicionar projetos, apenas duplique as planilhas "*DCF*", conforme necessário. Lembre-se de excluir planilhas *DCF* desnecessárias, caso contrário projetos vazios serão importados. Alternativamente, renomeie a planilha para não incluir todas as três letras, *DCF*, para que essas planilhas não sejam carregadas automaticamente.

- Não faça alterações na estrutura do modelo, como adicionar ou excluir linhas e colunas ou alterar cabeçalhos e títulos. Fazer essas modificações invalidará o modelo e a importação de dados não será executada corretamente.

3

AVALIAÇÃO ECONÔMICA DE PROJETOS ATRAVÉS DO PEAT

A seção *Avaliação Econômica de Projetos* é a parte central das suposições de entrada. Aqui você insere suas premissas de entrada, configura o modelo de economia de projetos, identifica e cria vários Projetos, e calcula resultados econômicos e financeiros como: Valor Presente Líquido (VPL), Taxa Interna de Retorno (TIR), Taxa Interna de Retorno Modificada (TIRM), Índice de Rentabilidade (IR), Retorno sobre Investimento (ROI), Período de Retorno - *Payback* (PR) e Período de Retorno Descontado (PRD). Esta seção também irá mostrar vários gráficos/tabelas, modelos de fluxo de caixa, cálculos intermediários e comparações de seus Projetos dentro de uma exibição de portfólio.

Projeto | Fluxo de Caixa Descontado

Estando em qualquer uma das guias do Projeto, o menu Projetos estará disponível e você está pronto para adicionar, excluir, duplicar ou renomear um Projeto ou reorganizar a ordem dos projetos na subguias dos Projetos. Primeiro, clicando em qualquer guia Projetos e, em seguida, selecionando no menu *Projetos | Adicionar, Excluir, Duplicar, Reorganizar* ou *Renomear o Projeto*. Todas as funções necessárias, como suposições de entrada, adição ou redução do número de linhas, a seleção do tipo de taxa de desconto ou a cópia da grade, estão disponíveis em cada guia Projetos.

As suposições de entrada que você inseriu nestas guias do Projeto são localizadas e são usadas apenas dentro de cada guia. Ao configurar seu modelo na guia Projetos (*nível 2*), proceda da esquerda para a direita nas subguias do *nível 3*. As suposições de entrada necessárias aparecem nas caixas de entrada (p.ex., são vistas como células em branco na Figura 3.1) e os resultados calculados aparecem nas grades de dados. Finalmente, se o seu modelo for grande, você pode clicar em *Ver Grade Completa* para obter uma visão *pop-up* (janela extra) de todo o modelo.

Você pode inserir receitas, despesas, investimentos de capital, anos de início e fim do modelo de fluxo de caixa, taxa de desconto e alíquota de imposto. Aqui estão algumas dicas para usar esta guia:

- Digite todas as entradas necessárias e caso certas células sejam irrelevantes, digite zeros. Você também pode selecionar alguns dados do Excel e clicar com o botão direito do mouse em qualquer célula e colar os dados para toda a linha ou várias linhas e colunas. Você também pode clicar com o botão direito do mouse e selecionar *Colar Valores Absolutos* ou *Colar com Sinais Invertidos*, se necessário; (p.ex., estes são valiosos se seus dados do Excel usarem valores negativos para representar despesas, enquanto o PEAT requer valores positivos, como despesas).

- Você pode aumentar ou diminuir o número de linhas para cada categoria, conforme necessário.

- A entrada *Ano Inicial do FCD* é o ano base de desconto onde todos os fluxos de caixa serão valorizados pelo valor presente deste ano. Certifique-se de completar os anos de *início* e *fim* corretamente antes de inserir ou colar qualquer dado dentro da grade. Mudar os anos de início ou fim após fazer toda a análise pode invalidar alguns dos resultados.

- As principais categorias aparecem em **negrito**, e as caixas de entrada nas categorias estão lá para você digitar o nome/tag do conjunto do jogo.

- Lembre-se de rolar para baixo da interface do usuário para continuar inserindo entradas críticas adicionais necessárias (p.ex., Despesas de Capital).

- Você pode aplicar uma taxa de imposto constante % para calcular impostos ou usar suas próprias entradas personalizadas.

- Você pode clicar em *Copiar Grade* para copiar os resultados na área de transferência do Windows para colá-los em outro aplicativo de software, como Excel ou Word.

- Você também pode clicar em *Ver Grade Completa* para ver todo o modelo como uma tela *pop-up*. Isso facilita a visualização de um modelo grande e reduz a necessidade de rolar horizontal e verticalmente. Ele também contribui quando você está tentando capturar uma tela de todo o modelo.

Projeto | Índices

Aqui você pode inserir dados adicionais do Balanço Patrimonial (por exemplo, Ativos Correntes, Ações em Circulação, Capital comum, Total Obrigações, etc.), conforme mostrado na Figura 3.2, e as relações financeiras relevantes EBIT, Lucro Líquido, Fluxo de Caixa Líquido, Fluxo de Caixa Operacional, Valor Econômico Agregado, Retorno sobre o Capital Investido, Margem de Lucro Líquido etc., serão calculadas. Os resultados calculados ou os cálculos intermediários aparecem como grades de dados. As linhas nas grades de dados são codificadas por cores por linhas alternadas para fácil visualização. Como de costume, você pode clicar em *Copiar Grade* para copiar os cálculos para a área de transferência do Windows, de onde você pode, em seguida, colá-los em outros softwares como o Microsoft Excel. Aqui estão algumas dicas sobre como usar a guia **Índices**:

- Digite as suposições de entrada da melhor maneira possível, você pode adivinhar alguns desses números para começar. As entradas inscritas neste subguia de *Índices* só serão utilizadas nas relações de balanço deste subguia.

- Dois conjuntos de resultados estão disponíveis. A principal e maior grade de resultados apresenta a série temporal de análise de fluxo de caixa para o *Projeto* ao longo de vários anos. Estes são os fluxos de caixa que são usados para calcular o VPL, TIR, TIRM, e assim por diante.

- A grade menor na parte inferior da tela retorna as razões de equilíbrio, que aplicam os parâmetros de entrada na parte superior da guia. São estimativas de ponto único e representam uma tela a tempo do balanço da empresa ou do projeto.

- O primeiro projeto pede que você insira as onze premissas de entrada do Balanço Patrimonial, enquanto <u>todas as outras entradas</u> no balanço do projeto podem ser vinculadas ao primeiro projeto ou inscritas individualmente (se forem projetos em um cenário de balanço diferente, como projetos internacionais ou um ano diferente). Use *o Link de Suposições de Entrada do Projeto 1* ou a lista de implantação de Suposições de Entrada Personalizadas para selecionaras configurações relevantes de que você precisa.

- Você pode exibir resultados como valores de fluxo de caixa e relacionamentos ou como percentuais de receita de vendas (para fazer sua seleção, use a *lista de distribuição de Valores e Ganhos do Fluxo de Caixa*).

Projeto | Resultados Econômicos

Esta subguia de *Resultados* (*nível 3*) apresenta os resultados econômicos do *Projeto* escolhido e mostra o Valor Presente Líquido (VPL), a Taxa Interna de Retorno (TIR), a Taxa Interna de Retorno Modificada (TIRM), o Índice de Rentabilidade (IR), o Retorno sobre o Investimento (ROI), o Período de Retorno - *Payback* (PR) e o Período de Retorno Descontada(PRD), conforme consta na Figura 3.3. Consulte o capítulo anterior para ver os detalhes de cada um dos métodos de cálculo.

Uma tabela e um gráfico do Perfil VPL também são fornecidos, onde diferentes taxas de desconto e seus respectivos resultados VPL são exibidos e plotados. Você pode alterar a gama de taxas de desconto para *Exibir/Calcular*, *Copiar Resultados* e *Copiar o Gráfico* VPL Perfil, bem como usar qualquer um dos ícones do gráfico para manipular sua aparência e estilo (p.ex., alterar linha/cor de fundo do gráfico, tipo de gráfico, visualização de gráfico ou adicionar/remover grades, rótulos e legendas). Você também pode alterar a variável para exibir no gráfico. Por exemplo, você pode alterar o gráfico mostrando o Perfil VPL para gráficos de séries temporâneas de fluxos de caixa líquidos, fluxos de caixa líquidos escalonados, rendimentos tributáveis, fluxos de caixa finais, fluxos de caixa finais acumulados ou valor presente dos fluxos de caixa finais. Em seguida, você pode clicar no botão *Copiar Gráfico* para tirar uma captura de tela do gráfico modificado, que você pode colar em outro aplicativo de software, como Microsoft Excel ou Microsoft PowerPoint. Como precaução, quando você clica neste botão *Copiar Gráfico,* é aconselhável esperar um segundo a mais antes de mover o mouse para colá-lo em outro software, porque em computadores mais lentos, os serviços de imagem nativos no Windows precisarão ser executados em segundo plano e podem levar um ou dois segundos adicionais para terminar.

![ROV Project Economics Analysis Tool]

[ENVIEP PEAT-FCD /ovprojecon] - ROV PROJECT ECONOMICS ANALYSIS TOOL

Arquivo Editar Projetos Relatório Ferramentas Idioma Decimais Ajuda

Bem-vindo à Ferramenta de Análise Econômica de Projetos (PEAT) da empresa ROV. Este módulo ajudará você a configurar uma série de projetos ou Opções de Investimento de Capital, modelar seus Fluxos de Caixa, Simular Riscos e executar Análises Avançadas; realizar previsão e modelagem de previsão; e otimizar sua carteira de investimentos sujeita a restrições orçamentárias e outras.

Fluxo de Caixa Análise Aplicada Simulação de Risco Análise de Estratégias Valoração/Opções Reais Previsão Otimização de Portfólio Painel Central de Instruções

Custom (xls1) Projeto 1 Projeto 2 Projeto 3 Projeto 4 Projeto 5 Projeto 6 Projeto 7 Projeto 8 Projeto 9 Projeto 10 Análise Portfólio Taxas de Desconto

1. Fluxo de Caixa   2. Índices   3. Resultados   4. Informação e Detalhes

FCD Ano Inicial: 2016 FCD Ano Final: 2043 Taxa de Desconto (%): 10,00% Taxa de Imposto Margin...: 28,50%

Cenário / Forex   Notas: Livro série CQRM Aplicado - IIPER

Ver Grade Completa   Permitir Impostos Negativos

Ano	2016	2017	2018	2019	2020	2021	2022	2023	2024	2025	2026
Receitas	**1.742,50**	**11.737,16**	**225.850,15**	**225.850,15**	**225.850,15**	**225.850,15**	**225.850,15**	**225.850,15**	**225.850,15**	**225.850,15**	**225.850,15**
Receita de Vendas - Vendas Globais	1.742,50	11.737,16	225.850,15	225.850,15	225.850,15	225.850,15	225.850,15	225.850,15	225.850,15	225.850,15	225.850,15
Custos Diretos	**1.141,09**	**1.141,09**	**26.392,71**	**26.392,71**	**26.392,71**	**26.456,80**	**27.888,79**	**27.888,79**	**27.888,79**	**27.888,79**	**27.888,79**
P&D direto	1.110,28	1.110,28	24.896,66	24.896,66	24.896,66	24.896,66	24.896,66	24.896,66	24.896,66	24.896,66	24.896,66
Manufatura	18,50	18,50	414,95	414,95	414,95	453,38	829,89	829,89	829,89	829,89	829,89
Fabricação	12,31	12,31	25,61	25,61	25,61	51,27	51,27	51,27	51,27	51,27	51,27
CDMV direto	0,00	0,00	1.055,49	1.055,49	1.055,49	1.055,49	2.110,97	2.110,97	2.110,97	2.110,97	2.110,97
Lucro Bruto (Resultado Operacional)	**601,41**	**10.596,07**	**199.457,44**	**199.457,44**	**199.457,44**	**199.393,35**	**197.961,36**	**197.961,36**	**197.961,36**	**197.961,36**	**197.961,36**
Despesas Indiretas (Geral & Administrativas)	**799,43**	**3.073,23**	**9.212,63**	**9.212,63**	**9.212,63**	**9.212,63**	**9.212,63**	**10.877,50**	**9.567,70**	**9.567,70**	**12.187,25**
Vendas e Administrativas	0,00	30,98	703,02	703,02	703,02	703,02	703,02	703,02	703,02	703,02	703,02
Marketing e Publicidade	0,00	0,00	0,00	0,00	0,00	0,00	0,00	0,00	0,00	0,00	0,00
Operações	0,00	0,00	1.248,08	1.248,08	1.248,08	1.248,08	1.248,08	1.248,08	1.248,08	1.248,08	1.248,08
Manutenção	799,43	2.997,80	4.758,50	4.758,50	4.758,50	4.758,50	4.758,50	6.423,37	5.113,57	5.113,57	7.733,12
Transações Estrangeiras	0,00	0,00	1.505,98	1.505,98	1.505,98	1.505,98	1.505,98	1.505,98	1.505,98	1.505,98	1.505,98
Parceiros Comerciais	0,00	44,45	997,05	997,05	997,05	997,05	997,05	997,05	997,05	997,05	997,05
EBITDA: Lucro antes dos Juros, Impostos, Depreciação e Amortização	**-198,02**	**7.522,84**	**190.244,81**	**190.244,81**	**190.244,81**	**190.180,72**	**188.748,73**	**187.083,86**	**188.393,66**	**188.393,66**	**185.774,11**
Depreciação	0,00	9.873,97	39.826,97	39.074,01	38.161,01	37.205,98	36.171,99	35.222,97	34.477,99	33.835,02	33.102,98
Amortização	0,00	0,00	0,00	0,00	0,00	0,00	0,00	0,00	0,00	0,00	0,00
EBIT: Lucros Antes de Juros e Impostos	**-198,02**	**-2.351,13**	**150.417,84**	**151.170,80**	**152.083,80**	**152.974,74**	**152.576,74**	**151.860,89**	**153.915,67**	**154.558,64**	**152.671,13**
Juros	0,00	6.779,30	25.892,67	22.767,13	19.224,34	15.842,52	13.061,99	12.303,77	11.571,21	8.977,44	5.886,41
EBT: Lucro Antes da Tributação	-198,02	-9.130,43	124.525,17	128.403,67	132.859,46	137.132,22	139.514,75	139.557,12	142.344,46	145.581,20	146.784,72

Figura 3.1 – Modelo FCD: Pressupostos de Entrada do Projeto

Arquivo Editar Projetos Relatório Ferramentas Idioma Decimais Ajuda

Bem-vindo à Ferramenta de Análise Econômica de Projetos (PEAT) da empresa ROV. Este módulo ajudará você a configurar uma série de projetos ou Opções de Investimento de Capital, modelar seus Fluxos de Caixa, Simular Riscos e executar Análises Avançadas; realizar previsão e modelagem de previsão; e otimizar sua carteira de investimentos sujeita a restrições orçamentárias e outras.

Fluxo de Caixa | Análise Aplicada | Simulação de Risco | Análise de Estratégias | Valoração/Opções Reais | Previsão | Otimização de Portfólio | Painel | Central de Instruções

Custom (xls1) Projeto 1 Projeto 2 Projeto 3 Projeto 4 Projeto 5 Projeto 6 Projeto 7 Projeto 8 Projeto 9 Projeto 10 Análise Portfólio Taxas de Desconto

1. Fluxo de Caixa 2. Índices 3. Resultados 4. Informação e Detalhes

Ativo Circulante 32.806,00	Passivo Circulante 18.370,00	Ativo Imobilizado 114.095,00	Total Estoque 676,61
Contas a Receber 4.016,00	Ações em Circulação 1.132.357.090,00	Valor da Ação no Mercado 27,00	Patrimônio Ordinário 70.530,00
Total Ativos 146.901,00	Total Obrigações 58.001,00	Total Capital Operacional Líquido 128.531,00	

Mostrar Lucros e Valores do Fluxo de Caixa   Ver Grade Completa

Ano	Average	Median	2016	2017	2018	2019	2020	2021	2022	2023	2024	2025	20...
LUCROS ANTES JUROS, IMP, DEPR,AMORT. (EBITDA)	177.349,60	190.837,35	-198,02	7.522,84	190.244,81	190.244,81	190.244,81	190.180,72	188.748,73	187.083,36	188.393,66	188.393,66	185,7
LUCROS ANTES JUROS E IMPOSTOS (EBIT)	148.538,49	160.170,87	-198,02	-2.351,13	150.417,84	151.170,80	152.083,80	152.974,74	152.376,74	151.860,89	153.915,67	154.558,64	152,6
LUCRO LÍQUIDO (LL)	102.215,92	114.057,51	-141,58	-6.528,26	89.035,50	91.808,62	94.994,51	98.049,54	99.753,05	99.783,34	101.776,29	104.090,56	104,9
LUCRO OPERACIONAL LÍQUIDO APÓS IMPOSTOS (NOPAT)	106.205,02	114.522,17	-141,58	-1.681,06	107.548,76	108.087,12	108.739,92	109.376,94	109.092,37	108.580,54	110.049,70	110.509,43	109,1
FLUXO DE CAIXA LÍQUIDO (FCL)	131.027,56	144.723,99	-126,58	3.345,71	128.862,47	130.882,63	133.155,52	135.255,52	135.925,04	135.006,31	136.254,28	137.925,58	138,0
FLUXO DE CAIXA OPERACIONAL (FCO)	135.016,66	145.188,65	-126,58	8.192,91	147.375,73	147.161,13	146.900,93	146.582,92	145.264,36	143.803,51	144.527,69	144.344,45	142,2
FLUXO DE CAIXA LIVRE (FCF)	135.016,66	145.188,65	-126,58	8.192,91	147.375,73	147.161,13	146.900,93	146.582,92	145.264,36	143.803,51	144.527,69	144.344,45	142,2
RETORNO SOBRE CAPITAL INVESTIDO (ROIC)	82,63%	89,10%	-0,11%	-1,31%	83,68%	84,09%	84,60%	85,10%	84,88%	84,48%	85,62%	85,98%	84,9
VALOR ECONÔMICO ADICIONADO (EVA)	93.351,92	101.669,07	-12.994,68	-14.534,16	94.695,66	95.234,02	95.886,82	96.323,84	96.239,27	95.727,44	97.196,60	97.656,33	96,30
COBERTURA DE ENCARGOS FINANCEIROS (TIE)	147,91	246,47	0	-0,35	5,81	6,64	7,91	9,66	11,68	12,34	13,30	17,22	25,
MARGEM DE LUCRO LÍQUIDO (NPM)	42,01%	49,04%	-8,13%	-55,62%	39,42%	40,65%	42,06%	43,41%	44,17%	44,18%	45,06%	46,09%	46,4
MARGEM DE LUCRO OPERACIONAL (OPM)	45,17%	49,24%	-8,13%	-14,32%	47,62%	47,86%	48,15%	48,43%	48,30%	48,08%	48,73%	48,93%	48,3
LUCRO POR AÇÃO (EPS)	0,00	0,00	-0,00	-0,00	0,00	0,00	0,00	0,00	0,00	0,00	0,00	0,00	0,0

Índices do Balanço Patrimonial

LIQUIDEZ CORRENTE (CR)	1,79	VALOR CONTÁBIL DA AÇÃO (BV)	0,00
LIQUIDEZ SECA (QR)	1,75	RAZÃO DÍVIDA/ATIVO	39,48%
CAPITAL DE GIRO OPERACIONAL LÍQUIDO (NOWC)	14.436,00	RAZÃO MERCADO/CONTÁBIL (MB)	433.484,21
CAPITAL DE GIRO LÍQUIDO (NOC)	128.531,00	MULTIPLICADOR PATRIMONIAL (EM)	2,08
VALOR DE MERCADO ADICIONADO (MVA)	30.573.570.900,00	RAZÃO DÍVIDA/PATRIMÔNIO (DE)	0,82

Figura 3.2 -A - Modelo FCD: Relações de Fluxo de Caixa

Arquivo   Editar   Projetos   Relatório   Ferramentas   Idioma   Decimais   Ajuda

Bem-vindo à Ferramenta de Análise Econômica de Projetos (PEAT) da empresa ROV. Este módulo ajudará você a configurar uma série de projetos ou Opções de Investimento de Capital, modelar seus Fluxos de Caixa, Simular Riscos e executar Análises Avançadas; realizar previsão e modelagem de previsão e otimizar sua carteira de investimentos sujeita a restrições orçamentárias e outras.

Fluxo de Caixa   Análise Aplicada   Simulação de Risco   Análise de Estratégias   Valoração Opções Reais   Previsão   Otimização de Portfólio   Painel   Central de Instruções

Custom (xls1)   Projeto 1   Projeto 2   Projeto 3   Projeto 4   Projeto 5   Projeto 6   Projeto 7   Projeto 8   Projeto 9   Projeto 10   Análise Portfólio   Taxas de Desconto

1. Fluxo de Caixa   2. Índices   3. Resultados   4. Informação e Detalhes

Taxa de Desconto	VPL
8,00%	794.590,40
9,00%	694.674,75
10,00%	608.388,58
11,00%	533.487,34
12,00%	468.141,88
13,00%	410.855,07
14,00%	360.396,13
15,00%	315.748,93
16,00%	276.070,92
17,00%	240.660,53
18,00%	208.931,13
19,00%	180.390,15
20,00%	154.622,36
21,00%	131.276,24
22,00%	110.053,11
23,00%	90.698,16
24,00%	72.993,16
25,00%	56.750,55
26,00%	41.808,53
27,00%	28.027,02
28,00%	15.284,30
29,00%	3.474,28
30,00%	-7.495,82

Selecione o tipo de desconto a ser usado: ⦿ Discreto   ○ Contínuo   [2] Decimais

Selecione o Fluxo de Caixa a ser usado: LUCRO LÍQUIDO (LL)

Taxa de Crescimento Terminal anualizada (%):   [2,00%]   Desconto do Investimentos de Capital a TIR

Indicadores Econômicos	Resultados
Valor Presente Líquido (VPL)	608.388,58
VPL com Valor Terminal	726.489,03
Taxa Interna de Retorno (TIR)	29,31%
Taxa Interna de Retorno Modificada (TIR-M)	15,07%
Total Investimento de Capital	250.000,03

Indicadores Econômicos	Resultados
Índice de Lucratividade (PI)	3,43
Retorno sobre Investimento (ROI)	243,36%
Período de Retorno (PP)	3,7982
Período de Retorno Descontado (DPP)	4,7988
VP Investimento de Capital	250.000,03

Copiar Gráfico

Mostrar VPL: [8] % para [30] %   Atualizar   Valor Presente Líquido Profile   ⟷ Both

Valor Presente Líquido Profile

Figura 3.3 - Modelo FCD: Resultados

Aqui estão algumas dicas adicionais ao trabalhar com esta guia *Resultados (Econômicos):*

- *Os Resultados* Econômicos são para cada Projeto individual, enquanto a guia *Análise de Portfólio* compara os resultados econômicos de todos os Projetos de uma só vez.

- A Taxa de Crescimento do Valor do Terminal Anualizado é aplicada ao fluxo de caixa do ano anterior para contabilizar uma taxa de crescimento perpétua e constante do modelo de fluxo de caixa, e esses fluxos de caixa futuros são descontados para o ano base e adicionados ao VPL para alcançar o VPL com o resultado do Valor do Terminal. Utilizamos o Modelo de Crescimento de *Gordon* para calcular o valor terminal e, em seguida, seu resultado é descontado para o ano de início.

- Você Figura pode alterar as porcentagens do *Mostrar VPL* e clicar em *Atualizar* para alterar a grade do perfil VPL e a tabela de resultados (supondo que você tenha selecionado a tabela de perfil VPL, conforme mostrado na Figura 3.3).

- Como de costume, existem *ícones de Tabela* para você modificar *Gráfico* (cor do gráfico de barras, tipo de gráfico, visualização, cor de fundo, rotação, mostrar/esconder rótulos e legendas, mostrar/esconder grades e rótulos de dados etc.). As funções de *Copiar Resultados* e *Copiar Gráficos* também estão *disponíveis.* Novamente, em computadores mais lentos ou mais antigos, lembre-se de esperar um segundo adicional depois de clicar em Copiar tabela antes de mover o mouse e colá-lo em outro aplicativo.

- Há uma lista suspensa de *Investimentos Descontados de Capital não Orçado* usado pelo Método TIR ou Taxa de Desconto. O resultado TIR calculado depende do método escolhido. O método tradicional usa o TIR como a taxa de reinvestimento (seleção padrão na lista suspensa) definida como a taxa de desconto na qual o VPL é igual a 0 (isso pode ser verificado na grade VPL e taxa de desconto no lado esquerdo da tela). Essa abordagem funciona em modelos mais tradicionais, mas retornará um resultado nulo se a exigência de TIR for violada. Este requisito TIR é que se o Fluxo de Caixa inicial (FC) no momento t = 0 em comparação com os do Investimento de Capital (*INV*) no tempo 0 são tais que $INV_0 > FC_0$, caso contrário o conceito de TIR e sua matemática não funcionam. Este método funciona bem na maioria das situações de negócios (os capitais chegam cedo, e os fluxos de caixa positivos chegam mais tarde no tempo), mas pode-se encontrar em uma situação em que $INV_0 < FC_0$, alcançando *Fluxo de Caixa Líquido Total* ou $FC_0 - INV_0 > 0$. Portanto, o TIR tradicional, definido como a Taxa de Desconto onde o VPL é 0, não produzirá um resultado válido (esta situação do fluxo de caixa inicial sendo maior do que o investimento pode, de fato, ocorrer na realidade, embora raramente). Há duas maneiras de resolver este problema. Primeiro, você pode empurrar manualmente a CF_0 positiva por período para o futuro usando alguma taxa de desconto ou taxa de reinvestimento ou você pode descontar todos os valores futuros de INV_T à taxa de desconto no tempo zero, portanto, convertendo o *Fluxo de Caixa Líquido Total* ou $FC_0 - INV_0 < 0$ como o valor atual de $\Sigma INV_T > CF_0$. Esta é essencialmente a abordagem adotada no segundo item da lista de *drop-down* (por favor, note que, nesta situação, o TIR calculado é na verdade um quase-TIR e, portanto, não será a taxa de desconto que alcançará o VPL = 0; será, no entanto, o que lhe fornece uma métrica calculada). Claro, em um projeto altamente econômico onde o valor presente de $\Sigma INV_T < FC_0$, nem o tradicional TIR nem o trabalho quase TIR.

o Os cálculos do TIR exigem *Fluxo de Caixa Total Inicial* $(CF_0 - INV_0) < 0$. Esse valor deve ser NEGATIVO.

o O Método TIR encerra se $(FC_0 > INV_0)$ ou FC_0 Líquido > 0. Esse valor não pode ser POSITIVO.

o O Método TIR é o melhor na maioria dos casos, exceto quando ocorre o seguinte, nesse caso o Método TIR não pode devolver um valor, e apenas o Método de Taxa Descontada retornará um resultado (embora este seja um quase-TIR e não o TIR tradicional): $(FC_0 > INV_0)$ ou FC_0 Líquido > 0, e se o *Valor Presente* de $\Sigma INV_T > FC_0$.

o Se o *Valor Presente* for $\Sigma INV_T < FC_0$, nenhum dos métodos funciona.

Em resumo, vemos os seguintes efeitos nos cálculos do TIR:

Sem fluxo de caixa em Tempo zero ($FC_0 = 0$):

Grandes Investimentos Ano 0
    Método TIR = Método TD, ambos funcionam, mesmos resultados
Grandes Investimentos em Anos 0, 2, 5
    O método TIR é executado e correto;
    O Método TD é executado quase-TIR
Grandes Investimentos em Anos 2, 5
    O Método TIR é executado e correto;
    O Método TD é executado quase-TIR
Pequenos Investimentos no Ano 0
    O Método TIR = Método TD, ambos funcionam, mesmos resultados
Pequenos Investimentos em Anos 0, 2, 5
    O Método TIR é executado e correto;
    O método TD é executado quase-TIR
Pequenos Investimentos em Anos 2, 5
    O método TIR não pode calcular;
    O método TD não pode calcular

Algum Fluxo de Caixa no Tempo zero ($FC_0 > 0$):

Grandes Investimentos Ano 0
    Método TIR = Método TD, ambos trabalham, mesmos resultados
Grandes Investimentos Anos 0, 2, 5
    O método TIR é executado e correto;
    O Método TD é executado quase-TIR
Grandes Investimentos Anos 2, 5
    O Método TIR não pode calcular;
    O Método TD é executado quase-TIR
Pequeno Investimento no Ano 0
    O Método TIR não pode calcular;
    O método TD não pode calcular
Pequenos Investimentos Anos 0, 2, 5
    O Método TIR não pode calcular;
    O Método TD é executado quase-TIR
Pequenos Investimentos Anos 2, 5
    O Método TIR não pode calcular;
    O método TD não pode calcular

Projeto | Informações e Detalhes

Nessa guia, você pode inserir informações e notas no projeto. As configurações padrão têm *tags* de categoria, tais como: Título do Projeto, Objetivo de Negócios e assim por diante. Você pode clicar no botão *Categorias* para modificar essas categorias (Figura 3.4).

- Use esta guia para inserir as justificativas para as suposições de entrada utilizadas, bem como quaisquer notas em cada um dos Projetos. Para notas e cálculos numéricos, use a guia Cálculos Personalizados.

- Você também pode alterar as tags e categorias na guia Informações e Detalhes clicando em Categorias e editando as tags.

- A formatação dos textos inseridos pode ser feita na caixa Descrição clicando nos vários *ícones de formatação de texto*.

Projeto | Análise Portfólio

A guia de *Análise de Portfólio* (Figura 3.5) retorna indicadores econômicos e financeiros calculados como VPL, TIR, TIRM, IR, ROI, PR e PRD para todos os Projetos combinados dentro de uma visão de portfólio. Os subguia de Desempenho Econômico (*Nível 3*) mostram os indicadores econômicos e financeiros individuais do projeto, enquanto as visões da Análise de Projetos (*nível 2*) apresentam os resultados de todos os indicadores do projeto e os comparam entre si. Há também duas tabelas disponíveis para comparar esses resultados individuais do Projeto.

- A guia *Análise de Portfólio* é usada para obter uma comparação entre si de todos os principais indicadores financeiros e econômicos de todos os Projetos de uma só vez. Por exemplo, você pode comparar todos os VPL para cada Projeto em uma única grade de resultado.

- O que parece ser um diagrama/gráfico, no canto superior direito (Figura 3.5 mostra tabela da análise do portfólio do exemplo padrão do módulo FCD) é na verdade um marcador que, quando existem vários Projetos, a grade com os dados de resultado se expandirá em amplitude para abranger esse gráfico.

- O gráfico de bolhas à esquerda fornece uma representação visual de três variáveis principais simultaneamente (p.ex., o eixo Y mostra o TIR, o eixo X representa o VPL e o tamanho da bolha pode representar o Investimento de Capital; em tal situação, preferir-se-ia uma bolha menor que está no quadrante superior direito do gráfico). Como de costume, os *ícones do Gráfico, Copiar Grade*, e *Copiar Gráfico* de estão disponíveis neste guia para uso.

Arquivo Editar Projetos Relatório Ferramentas Idioma Decimais Ajuda

Bem-vindo à Ferramenta de Análise Econômica de Projetos (PEAT) da empresa ROV. Este módulo ajudará você a configurar uma série de projetos ou Opções de Investimento de Capital, modelar seus Fluxos de Caixa, Simular Riscos e executar Análises Avançadas; realizar previsão e modelagem de previsão; e otimizar sua carteira de investimentos sujeita a restrições orçamentárias e outras.

Fluxo de Caixa Análise Aplicada Simulação de Risco Análise de Estratégias Valoração/Opções Reais Previsão Otimização de Portfólio Painel Central de Instruções

Custom (vis1) Projeto 1 Projeto 2 Projeto 3 Projeto 4 Projeto 5 Projeto 6 Projeto 7 Projeto 8 Projeto 9 Projeto 10 Análise Portfólio Taxas de Desconto

1. Fluxo de Caixa 2. Índices 3. Resultados 4. Informação e Detalhes

Título do Projeto ou Opção:

Objetivo Corporativo:

Grupo Proponente:

Número de Referências:

Tipo de Programa:

Descrição:

Justificativa Primária:

Situação dos Fundos:

Custo Total do Investimento:

Orçamento Total para o Ano:

Orçamento Total:

NPV:

Categorias...   Arquivo Vinculado...

Enter

A ▾   N   B
☐ ▾   I   U

Categorias

Índice	Título Inicial	Novo Título
1	Título do Projeto ou Opção	Título do Projeto ou Opção
2	Objetivo Corporativo	Objetivo Corporativo
3	Grupo Proponente	Grupo Proponente
4	Número de Referência	Número de Referência
5	Tipo de Programa	Tipo de Programa
6	Descrição	Descrição
7	Justificativa Primária	Justificativa Primária
8	Situação dos Fundos	Situação dos Fundos
9	Custo Total do Investimento	Custo Total do Investimento
10	Orçamento Total para o Ano	Orçamento Total para o Ano
11	Orçamento Total	Orçamento Total
12	NPV	NPV

OK   Cancela

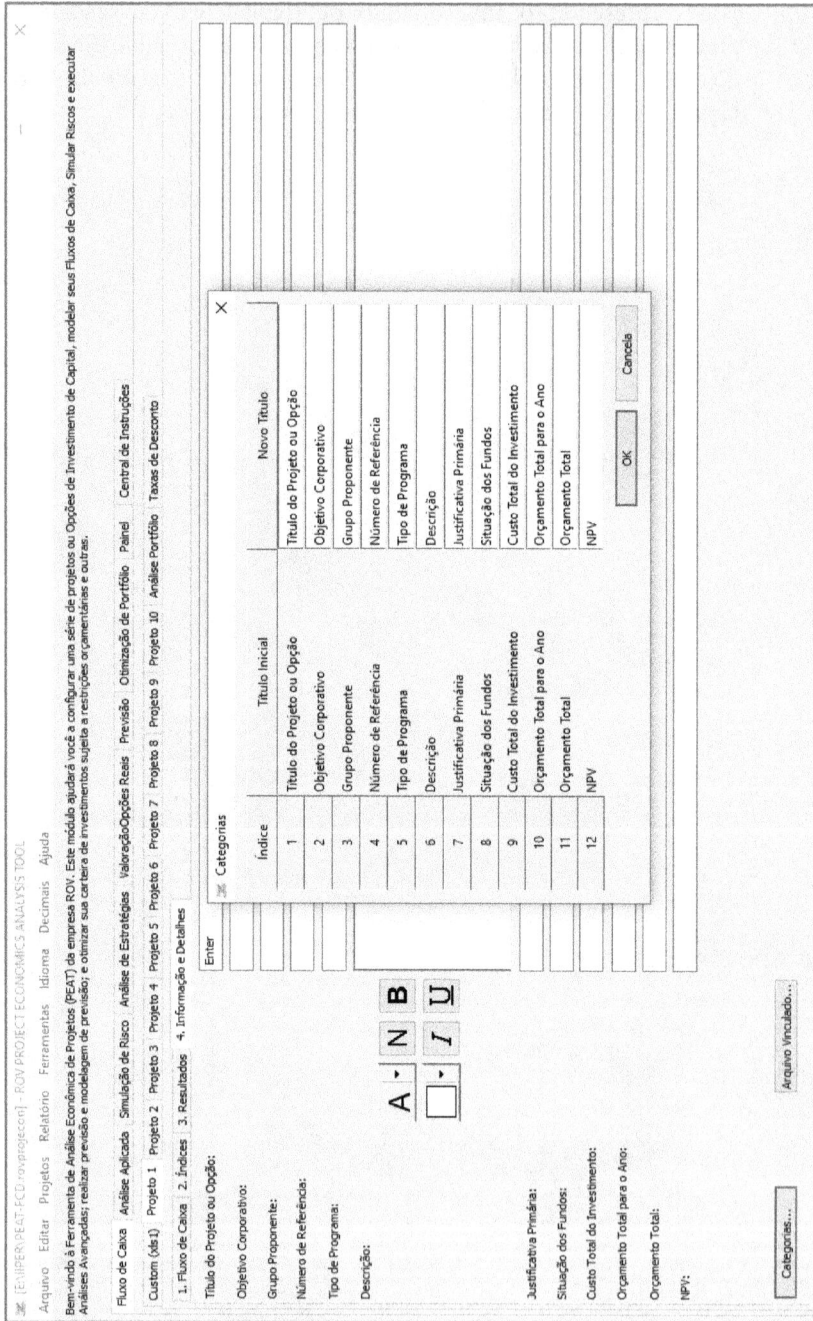

Figura 3.4 - Informações e Detalhes

Arquivo   Editar   Projetos   Relatório   Ferramentas   Idioma   Decimais   Ajuda

Bem-vindo à Ferramenta de Análise Econômica de Projetos (PEAT) da empresa ROV. Este módulo ajudará você a configurar uma série de projetos ou Opções de Investimento de Capital, modelar seus Fluxos de Caixa, Simular Riscos e executar Análises Avançadas; realizar previsão e modelagem de previsão; e otimizar sua carteira de investimentos sujeita a restrições orçamentárias e outras.

Fluxo de Caixa   Análise Aplicada   Simulação de Risco   Análise de Estratégias   Valoração&Opções Reais   Previsão   Otimização de Portfólio   Análise de Portfólio   Painel   Central de Instruções

Custom (xis1)   Projeto 1   Projeto 2   Projeto 3   Projeto 4   Projeto 5   Projeto 6   Projeto 7   Projeto 8   Projeto 9   Projeto 10   Taxas de Desconto

Análise de Alternativas (sem Caso Base)
Análise Incremental (escolha um Caso Base)

Resultados Econômicos	Projeto 1	Projeto 2	Projeto 3	Projeto 4	Projeto 5	Projeto 6	Projeto 7	Projeto 8	Projeto 9	Projeto 10
Valor Presente Líquido (VPL)	608.388,58	205.972,62	31.361,10	30.667,51	93.176,36	69.507,57	728.339,38	361.833,73	19.853,65	36.046,39
VPL com Valor Terminal	726.489,03	310.848,95	59.306,45	52.893,78	154.272,47	-22.422,35	1.124.579,59	538.114,39	145.111,43	351.581,73
Taxa Interna de Retorno (TIR)	29,31%	10,58%	14,75%	16,80%	28,16%	29,92%	11,20%	12,43%	7,69%	12,81%
Taxa Interna de Retorno Modificada (TIR-M)	15,07%	10,21%	11,91%	12,50%	15,21%	17,36%	10,39%	10,88%	6,23%	9,17%
Índice de Lucratividade (PI)	3,43	1,07	1,29	1,39	1,84	1,94	1,09	1,19	1,21	1,59
Retorno sobre Investimento (ROI)	243,36%	6,68%	28,72%	39,46%	83,92%	93,70%	9,00%	19,12%	21,33%	59,04%
Período de Retorno (PP)	3,7982	11,2820	6,8823	6,1294	3,7760	3,5519	9,9783	8,6055	10,2103	8,1262
Período de Retorno Descontado (DPP)	4,7988	26,5103	11,1145	9,3090	4,8017	4,4399	22,2462	16,5935	14,1122	10,5357
Total Investimento de Capital	250.000,00	3.500.000,00	115.000,00	80.000,00	115.000,00	76.000,00	9.000.000,00	1.950.000,00	95.000,00	63.000,00
VP Investimento de Capital	250.000,03	3.094.932,72	109.214,88	77.727,27	77.727,27	74.181,82	8.093.914,35	1.892.561,98	93.095,24	61.050,91

Projeto 1

Atualizar   Mostrar Tabela

Mostrar no Gráfico

Valor Presente Líquido (VPL)
Ver Portfólio de Investimento

Copiar Gráfico

VPL com Valor Terminal
Taxa Interna de Retorno (TIR)

Gráficos...

Valor Presente Líquido (VPL)
Valor Presente Líquido (VPL)

Gráficos...

Valor Presente Líquido (VPL)
2D Barra

Copiar Gráfico

Ver Portfólio de Investimento

(Taxa Interna de Retorno (TIR): 30,00% 25,00% 20,00% 15,00% 10,00% 6,00% — eixo vertical; VPL com Valor Terminal: -500.000 0 500.000 1.000.000 1.500.000 — eixo horizontal)

Legenda: Projeto 1, Projeto 2, Projeto 3, Projeto 4, Projeto 5, Projeto 6, Projeto 7, Projeto 8, Projeto 9, Projeto 10

Valor Presente Líquido (VPL)

(eixo vertical: 0,00 200.000,00 400.000,00 600.000,00 800.000,00; eixo horizontal Projetos: 1 2 3 4 5 6 7 8 9 10)

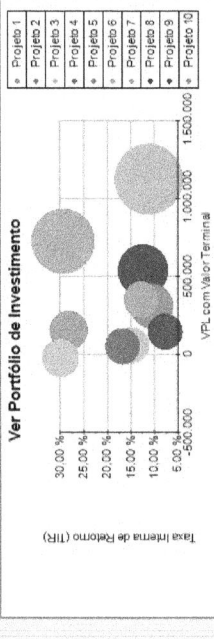

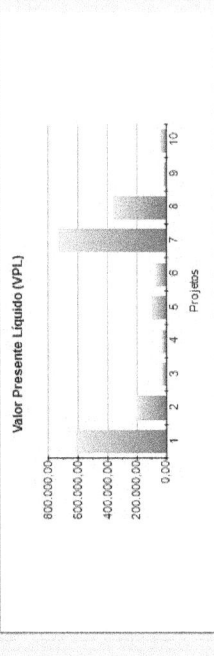

Figura 3.5 - Análise de Portfólio

4

ANÁLISE APLICADA

A seção *Análise Aplicada* permite que você execute uma Análise Tornado e uma Análise de Sensibilidade em qualquer um dos projetos previamente modelados: esta guia de análise está no *nível 1*, o que significa que abrange todos os diferentes Projetos no *nível 2*. Portanto, você pode executar uma Análise Tornado ou Cenário, em qualquer um dos Projetos.

Análise Aplicada | Tornado Estático

A Análise Tornado (Figura 4.1 mostra o resultado da Análise Tornado no exemplo padrão do módulo FCD) é uma análise de sensibilidade estática da saída do modelo selecionado para cada suposição de entrada, realizada uma de cada vez, e classificada a partir da mais para a menos impactante. Inicie a análise primeiro escolhendo, a partir da lista suspensa, a variável de saída a ser testada.

Você pode alterar as configurações de sensibilidade padrão de cada suposição de entrada para testar, para decidir quantas variáveis de suposição de entrada você irá modelar (modelos grandes, com muitas entradas, podem gerar gráficos menos úteis e confusos, enquanto os que exibem apenas as variáveis críticas mostra mais informações, apresentando um gráfico mais elegante). Você também pode optar por executar as suposições de *inputs* como entradas únicas, agrupá-las como um conjunto de itens (todas as entradas de linha em um item de linha são consideradas uma variável), ou executá-las como grupos de variáveis (por exemplo, todo o conjunto de itens sob Receita será assumido como uma variável individual). Lembre-se de clicar em *Restabelecer* e/ou *Atualizar* para atualizar a análise caso você faça alterações em qualquer uma das configurações. Os resultados de sensibilidade também aparecem como uma tabela de grade na parte

61

inferior da tela (p.ex., o valor inicial base da variável de saída escolhida, alterações nas premissas de entrada e resultados de sensibilidade resultantes da variável de saída). Como de costume, você pode *Copiar Gráfico* para copiar para a área de transferência do Windows para colá-los em outro aplicativo de software.

DICAS para Interpretar os resultados da análise do tornado

- Cada barra horizontal indica uma suposição de entrada única que é definida como um precedente para a variável de saída selecionada.

- O eixo x representa os valores da variável de saída selecionada. Quanto maior o gráfico de barras, maior o impacto/oscilação que a suposição de entrada tem na saída.

- A barra verde à direita indica que a suposição de entrada tem um efeito positivo na saída selecionada (por outro lado, uma barra vermelha indica um efeito negativo).

Outro exemplo, na Figura 4.1, vemos o seguinte:

o A saída comprovada é o Project 1 VPL com um Valor Terminal

o Cada um dos precedentes ou premissas de entrada que afetam diretamente a VPL com um Valor Terminal é testado ±10%; as 10 principais variáveis aparecem no gráfico, com precisão na configuração de 2 casas decimais, e cada entrada única é testada individualmente.

o Os resultados indicam que a Taxa de Desconto tem o maior impacto, claro, com a maior oscilação (barra horizontal mais larga), com uma barra vermelha à direita, indicando que quanto menor a taxa de desconto *(Impacto Negativo* da entrada na grade e no gráfico vermelho à direita: 9,00%),maior a VPL*(Impacto Negativo* da Saída na grade e no eixo x do gráfico da barra vermelha à direita :649.674). Por outro lado, quanto maior a taxa de desconto *(Impacto Positivo* da Entrada na grade e gráfico de barras verdes à esquerda: 11,00%), menor a VPL (Impacto Positivo da Saída *na* grade e no eixo x do gráfico da barra vermelha à direita: 533.487).

62

o   O ícone Excel criará um gráfico tornado interativo no formato Excel.

o   Vários ícones gráficos estão disponíveis para manipular a aparência e o estilo dos gráficos (por exemplo, o ícone ABC mudará os rótulos do eixo vertical entre a descrição encurtada e detalhada). Você também pode criar e salvar vários gráficos tornado usando a seção de modelos salvos na parte inferior direita do software.

Análise de Cenários

A análise do cenário *pode ser* facilmente feita através de um processo de duas etapas: configure o modelo e execute-o. Na subguia de configuração de entrada de cenário *(Figura* 4.2 mostra o exemplo de Configurações de Entrada de Cenário no exemplo padrão do módulo FCD) inicia-se selecionando a variável de saída da lista de quedas que você deseja testar. Posteriormente, e com base na sua seleção, os precedentes de saída serão listados em duas categorias (Conjunto de *Itens,* que simultaneamente alterará todas as premissas de entrada em todo o conjunto de jogos no modelo, e o Valor *Individual,* que mudará os itens de suposição de entrada individual.) *Selecione uma ou duas caixas de seleção* de cada vez e as entradas em que deseja executar os cenários e digite a porcentagem de mais/menos para testar, além do número de etapas entre esses dois valores. Você *também pode adicionar codificação* de cores de pontos ideais ou pontos sensíveis na análise de cenários (valores que se enquadram em diferentes faixas têm cores únicas). Você pode criar vários cenários e dar *Salvar Como* a cada um (digite um *Nome* para cada cenário salvo).

Proceda às *Tabelas de Cenário de Saída (Tabela* 4.3) para executar a análise salva. Clique na lista de *drop-down* para selecionar os cenários previamente salvos para serem executados. Toda a tabela será gerada com o cenário selecionado e codificado por cores com pontos ótimos/sensíveis. Conforme necessário, os decimais podem ser aumentados ou diminuídos, e você pode *Copiar Grade* ou visualizar *Grade Completa.* Para facilitar a revisão das tabelas de cenário, preste atenção à NOTA, que fornece informações sobre qual variável de entrada é definida em termos de linhas versus colunas.

Aqui estão algumas dicas adicionais:

- Você pode criar e executar a *Análise de Cenários* em uma ou duas variáveis de entrada por vez.

- As configurações do cenário podem ser salvas para recuperação futura, o que significa que você pode modificar quaisquer suposições de entrada nos modelos de projeto e retornar para reexecutar os cenários salvos.

- Você também pode *Aumentar / Diminuir Decimais* em tabelas de resultados de cenário, bem como alterar cores em tabelas para facilitar a interpretação visual (especialmente quando se tenta identificar combinações de cenários, ou os chamados pontos ótimos e sensíveis).

- Lembre-se de rolar para baixo no formato para ter variáveis de entrada adicionais.

- Você pode alterar *o Match Set* usando ±*X*%, onde todas as entradas do jogo são alteradas várias vezes dentro desta faixa específica de uma só vez. Valores individuais podem ser alterados para ± *Y unidades* onde cada entrada é alterada várias vezes dentro deste intervalo específico.

- Você pode clicar duas vezes em um modelo salvo para recuperar suas configurações ou clicar no botão Editar para editar as configurações. Certifique-se de clicar em *Salvar* para salvar quaisquer alterações que você fizer ou use *Salvar Como* para duplicar o modelo e criar um modelo com as configurações modificadas.

- Pontos ótimos e sensíveis referem-se a combinações específicas de duas variáveis de entrada que guiarão a saída para cima ou para baixo. Por exemplo, suponha que os investimentos estão abaixo de um certo limite e que a renda está acima de uma certa barreira, então a VPL excederá o orçamento esperado (pontos ideais, talvez destacados em verde), ou se os investimentos estiverem acima de um determinado valor, a VPL ficará negativa se a receita cair abaixo de um determinado limite (pontos sensíveis , talvez destacado em vermelho).

[E:\IIPER\PEAT-FCD.rovprojecon] - ROV PROJECT ECONOMICS ANALYSIS TOOL — □ ✕

Arquivo   Editar   Projetos   Relatório   Ferramentas   Idioma   Decimais   Ajuda

Bem-vindo à Ferramenta de Análise Econômica de Projetos (PEAT) da empresa ROV. Este módulo ajudará você a configurar uma série de projetos ou Opções de Investimento de Capital, modelar seus Fluxos de Caixa, Simular Riscos e executar Análises Avançadas; realizar previsão e modelagem de previsão; e otimizar sua carteira de investimentos sujeita a restrições orçamentárias e outras.

Fluxo de Caixa   Análise Aplicada   Simulação de Risco   Análise de Estratégias   Valoração/Opções Reais   Previsão   Otimização de Portfólio   Painel   Central de Instruções

Tornado Estático   Análise de Cenários

Tornado ou Análise de Sensibilidade Estática é realizada através da variação do valor das entradas de uma quantidade predefinida, uma de cada vez, para determinar o impacto sobre a variável de saída. Comece por selecionar a opção e a variável de saída para teste, em seguida, defina os níveis de sensibilidade e clique em Calcular para executar.

Selecione Projeto e Variável de Saída:

Projeto 1: Valor Presente Líquido (VPL)   ∨

Sensibilidade +/-   10   ⬍   %
Mostrar parte Superior   10   ⬍   variáveis
Mostrar Resultados com   2   ⬍   decimais   Restabelecer

Selecione a tipo da Análise de Sensibilidade:
◉ Entradas Únicas Individuais
○ Itens de Linha
○ Grupo de Variáveis

[Atualizar]   [Excel]   [🔍]   [📋]   [Copiar Gráfico]

O Tornado foi completado. Tornado Running Time: 4s.

Projeto 1: Valor Presente Líquido (VPL)

Grá...	% Aci...	% Aba...	Entradas
✓	10,00%	10,00%	Taxa de Desconto (%)
✓	10,00%	10,00%	Taxa de Imposto Marginal (%)
✓	10,00%	10,00%	CapInv | 2016
✓	10,00%	10,00%	Receita de Vendas - Vendas Globais | 2018
✓	10,00%	10,00%	Receita de Vendas - Vendas Globais | 2019

Projeto 1: Valor Presente Líquido (VPL)

Taxa de Desconto (%)   11,00%
Taxa de Imposto Marginal (%)   31,35%   25,65%
                                                   275.000
CapInv \| 2016   203.265   248.435
Receita de Vendas - Vendas Globais \| 2018   203.265   248.436
Receita de Vendas - Vendas Globais \| 2019   203.265   248.435
Receita de Vendas - Vendas Globais \| 2020   203.265   248.435
Receita de Vendas - Vendas Globais \| 2021   203.265   248.435
Receita de Vendas - Vendas Globais \| 2022   203.266   248.436
Receita de Vendas - Vendas Globais \| 2023   203.266   248.436
Receita de Vendas - Vendas Globais \| 2024   203.265   248.436

                    9,00%

500.000   550.000   600.000   650.000   700.000

Mostrar Resultados com   2 ⬍ decimais

Valor Base:	608.388,58			Entradas		
	Menor Saída	Maior Saída	Ampl. Sa...	Menor Ent.	Maior Ent.	Valor Ref.
Taxa de Desconto (%)	694.674,75	533.487,34	161.187,41	9,00%	11,00%	10,00%
Taxa de Imposto Marginal (%)	642.604,07	574.173,09	68.430,98	25,65%	31,35%	28,50%
CapInv | 2016	633.388,58	583.388,58	50.000,01	225.000,03	275.000,03	250.000,03
Receita de Vendas - Vendas Globais | 2018	595.042,89	621.734,27	26.691,38	203.265,14	248.435,17	225.850,15
Receita de Vendas - Vendas Globais | 2019	596.256,13	620.521,03	24.264,89	203.265,14	248.435,17	225.850,15

Projeto 1: Valor Presente Líquido (VPL)

Nome: _____

[Novo]   Modelo
[Salvo Como]   NPV Project 1
[Editar]   NPV Project 2 - Line Items
[Salvar]   IRR Project 3 - Unique Inputs
[Deletar]   NPV Project 4

[E:\IIPER\PEAT-FCD.rovprojecon] - ROV PROJECT ECONOMICS ANALYSIS TOOL — □ ×

Arquivo Editar Projetos Relatório Ferramentas Idioma Decimais Ajuda

Bem-vindo à Ferramenta de Análise Econômica de Projetos (PEAT) da empresa ROV. Este módulo ajudará você a configurar uma série de projetos ou Opções de Investimento de Capital, modelar seus Fluxos de Caixa, Simular Riscos e executar Análises Avançadas: realizar previsão e modelagem de previsão; e otimizar sua carteira de investimentos sujeita a restrições orçamentárias e outras.

Fluxo de Caixa Análise Aplicada Simulação de Risco Análise de Estratégias Valoração&Opções Reais Previsão Otimização de Portfólio Painel Central de Instruções

Tronado Estático   Análise de Cenários

1. Parâmetros de Entrada Cenário   2. Tabelas de Saída Cenário ("Sweetspots")

Análise de Cenário ajuda a identificar os Sweetspots e Hotspots nos resultados com base em diferentes entradas. Selecione a opção e variável de saída que você deseja analisar e da lista de variáveis de entrada, selecione até duas variáveis para mudar (marque a caixa e digite o De, Para, Tamanho Passo). Você pode adicionar código de cores para identificar potenciais Sweetspots e Hotspots, e salvar as configurações de cenário para execuções futuras.

OPCIONAL: Colorir os "Sweetspots" e "Hotspots".

	se o valor é	menor que	0,00	&
Colorir células	se o valor é	entre	0,00	&
Colorir células	se o valor é	entre	50.000,00	&	90.000,00
Colorir células	se o valor é	maior que	100.000,00	&	100.000,00
Colorir células	se o valor é				

Selecione a Opção e a Variável de Saída:

Projeto 1: Valor Presente Líquido (VPL)   608.388,58

Item linha	Valor Original	- %	+ %	Intervalo
Receitas	Receita de Vendas - Vendas Globais	6.021.645,31	-5,00%	+5,00%	0,50%
Custos Diretos	P&D direto	664.649,15	-5%	+5%	0,50%
Custos Diretos	Manufatura	32.225,43	-5%	+5%	0,50%
Custos Diretos	Fabricação	2.082,98	-5%	+5%	0,50%
Custos Diretos	CDMV direto	79.162,38	-5%	+5%	0,50%
Despesas Indiretas	Vendas e Administrativas	18.737,48	-5%	+5%	0,50%
Despesas Indiretas	Marketing e Publicidade	0,00	-5%	+5%	0,50%
Despesas Indiretas	Operações	32.450,08	-5%	+5%	0,50%
Despesas Indiretas	Manutenção	160.820,41	-5%	+5%	0,50%
Despesas Indiretas	Transações Estrangeiras	39.155,48	-5%	+5%	0,50%
Despesas Indiretas	Parceiros Comerciais	26.573,25	-5%	+5%	0,50%
DCF	Depreciação	806.711,08	-5%	+5%	0,50%
DCF	Amortização	0,00	-5%	+5%	0,50%
DCF	Juros	156.216,54	-5%	+5%	0,50%
DCF	Alterações no Capital de Giro	4,00	-5%	+5%	0,50%
DCF	Despesas de Capital	5,00	-5%	+5%	0,50%
DCF	Outras despesas não monetárias	6,00	-5%	+5%	0,50%

SALVAR:

Nome:
Notas:

Renomear   Editar
                Salvar
                Apagar

Nome
Revenue vs Discount Rate
USA Revenue vs Global Discount Rate

Revenue vs Discount Rate

<   >

Figura 4.2 - Análise de Cenário: Configurações de entrada de cenário

Arquivo   Editar   Projetos   Relatório   Ferramentas   Idioma   Decimais   Ajuda

Bem-vindo à Ferramenta de Análise Econômica de Projetos (PEAT) da empresa ROV. Este módulo ajudará você a configurar uma série de projetos ou Opções de Investimento de Capital, modelar seus Fluxos de Caixa, Simular Riscos e executar Análises Avançadas; realizar previsão e modelagem de previsão; e otimizar sua carteira de investimentos sujeita a restrições orçamentárias e outras.

Fluxo de Caixa | Análise Aplicada | Simulação de Risco | Análise de Estratégias | Valoração/Opções Reais | Previsão | Otimização de Portfólio | Painel | Central de Instruções

Tornado Estático | Análise de Cenários

1. Parâmetros de Entrada Cenário   2. Tabelas de Saída Cenário ("Sweetspots")

Escolha um dos cenários salvos para executar o cenário. No caso de fazer quaisquer alterações nas entradas ou configurações, lembre-se de clicar em Atualizar para atualizar manualmente a tabela do cenário.

Selecione em Cenários Salvos para Calcular: Revenue vs Discount Rate   Projeto 1: Valor Presente Líquido (VPL)

Mostrar Resultados com [ ] decimais   A tabela de cenários é para: e a variável Coluna (Corte) é   [Atualizar]   Ver Grade Completa

NOTA: A variável Linha (abaixo) é   Recitas | Receita de Vendas - Vendas Globais   DCF | Taxa de Desconto (%)

	20,00%	21,00%	22,00%	23,00%	24,00%	25,00%	26,00%	27,00%	28,00%	29,00%	30,00%
5.720.563	120.704	99.179	79.617	61.782	45.473	30.515	16.759	4.074,8			
5.750.671	124.096	102.389	82.661	64.674	48.225	33.139	19.264	6.470,0			
5.780.779	127.488	105.599	85.704	67.566	50.977	35.762	21.769	8.865,3			
5.810.888	130.880	108.808	88.748	70.457	53.729	38.386	24.274	11.260			
5.840.996	134.272	112.018	91.791	73.349	56.481	41.009	26.779	13.656	1.523,7		
5.871.104	137.663	115.228	94.835	76.240	59.233	43.633	29.284	16.051	3.817,2		
5.901.212	141.055	118.437	97.879	79.132	61.985	46.256	31.789	18.446	6.110,6		
5.931.321	144.447	121.647	100.922	82.023	64.737	48.880	34.294	20.841	8.404,0		
5.961.429	147.839	124.857	103.966	84.915	67.489	51.503	36.799	23.237	10.697		
5.991.537	151.231	128.067	107.009	87.807	70.241	54.127	39.304	25.632	12.991	1.275,5	
6.021.645	154.622	131.276	110.053	90.698	72.993	56.751	41.809	28.027	15.284	3.474,3	
6.051.754	158.014	134.486	113.097	93.590	75.745	59.374	44.313	30.422	17.578	5.673,1	
6.081.862	161.406	137.696	116.140	96.481	78.497	61.998	46.818	32.817	19.871	7.871,9	
6.111.970	164.798	140.905	119.184	99.373	81.249	64.621	49.323	35.213	22.165	10.071	
6.142.078	168.190	144.115	122.228	102.264	84.001	67.245	51.828	37.608	24.458	12.269	946,64
6.172.186	171.581	147.325	125.271	105.156	86.753	69.868	54.333	40.003	26.751	14.468	3.057,2
6.202.295	174.973	150.535	128.315	108.048	89.505	72.492	56.838	42.398	29.045	16.667	5.167,9
6.232.403	178.365	153.744	131.358	110.939	92.357	75.115	59.343	44.794	31.338	18.866	7.278,5

Figura 4.3 - Análise de Cenário: Matriz de Saída de Cenário

5

SIMULAÇÃO DE RISCO

Na seção *Simulação de Risco,* você pode configurar e executar simulações de risco com método Monte Carlo em qualquer uma das entradas *(Inputs)* do seu projeto. Especificamente, você pode configurar modelos de distribuição de probabilidades em qualquer combinação de entradas, executar uma simulação de risco que inclui milhares de testes e recuperar previsões de saída, como gráficos, estatísticas, probabilidades e intervalos de confiança, a fim de desenvolver perfis abrangentes de risco do Projeto.

Simulação de Risco | Definir as Premissas de Entrada

Na subguia *Definir Premissas de Entrada*, você deve primeiro selecionar a subguia *Simulação de Risco* para iniciar a análise de simulação, definindo as entradas que serão modeladas por distribuição de probabilidade. A Figura 5.1 mostra as configurações premissas de entrada no exemplo padrão do módulo FCD. Clique em Passo1 para escolher um *Projeto* por vez, para listar as entradas disponíveis. Clique no ícone de *distribuição de probabilidades* na coluna *Parâmetros* (ver Figura 5.1 para a célula destacada) para a linha de premissa de entrada relevante, selecione a *distribuição de probabilidades* para usar e digite os parâmetros de entrada relevantes). Continue a definir o maior número de entradas de simulação necessárias (você pode ativar/desativar entradas para simular). Insira os *testes de simulação para* executá-los (comece com 1.000 como testes de execução inicial e use 10.000 para execução final como regra geral para a maioria dos modelos). Você também pode dar *Save As* ao modelo (lembre-se de dar-lhe um *Nome).* Em seguida, clique em *Executar Simulação.* Finalmente, nesse guia, você pode definir suposições de simulação em vários Projetos e Simular todas as opções de *uma só vez,* aplicar um *Valor de Semente* para replicar os resultados exatos de simulação cada vez que for executado, aplicar *Mapeamentos de Pares* entre *entradas* de simulação e *Editar* um modelo de simulação previamente salvo. Aqui estão algumas dicas adicionais para ajudá-lo:

- Consulte o livro *Modeling Risk. Terceira Edição,* do Dr. Johnathan Mun (Thomson-Shore, 2016), para obter mais detalhes técnicos sobre como selecionar e entender as distribuições de probabilidades.

- Embora o software suporte até 50 distribuições de probabilidade, em geral, as distribuições mais utilizadas e aplicadas incluem: *Triangular, Normal* e *Uniforme.*

- Se você tiver dados históricos disponíveis, use a guia Previsão para realizar o *Ajuste de Distribuição* para determinar qual distribuição melhor se encaixa, bem como para estimar os parâmetros de entrada da distribuição selecionada.

- Você também pode *extrair dados da simulação* quando a simulação for concluída, e os dados extraídos podem ser usados para realizar análises adicionais, conforme necessário.

- Você pode *salvar* várias configurações de simulação (na janela *Modelos*) para que elas possam ser recuperadas, editadas e modificadas conforme necessário no futuro.

- Lembre-se de *selecionar Simular todas as opções (Projetos) de uma só vez* ou simular *somente* opção (Projeto) selecionada, dependendo se você deseja executar uma simulação de risco em todos os Projetos que tenham suposições de simulação predefinidas ou execute uma simulação apenas no Projeto atual que foi selecionado. Selecione e execute todos os projetos de uma só vez se você estiver usando os resultados para configurar e executar otimizações de portfólio mais tarde.

- Resultados simulados (p.ex., Estatísticas da distribuição, Percentis, Intervalo de Confiança e Probabilidades) fornecem e criam um perfil de risco de seus Projetos.

- Ao clicar duas vezes em um modelo de simulação salvo o software executará a simulação (ou simplesmente selecione o modelo salvo e clique em *Executar Simulação*) ou selecionar um modelo salvo e pressionar o botão Editar *permitirá que* você faça alterações no modelo salvo.

- Você também pode clicar no botão *Defaults.* para definir suposições em todas as entradas ao mesmo tempo com algumas entradas genéricas de parâmetros (p.ex., defina todas elas como distribuições Triangulares com valores de +/- 10% ou mais provável).

- O botão *Definir suposições de simulação para vários anos* permite que você entre ou cole rapidamente várias suposições ao mesmo tempo para variáveis de vários anos.

Simulação de Risco | Resultados da Simulação

Após a execução da simulação ser concluída, vá para a subguia (*nível 2*) *Resultados da Simulação* (Figura 5.2 mostra os resultados depois de executar a seleção chamada Simular todas as opções de uma vez a partir do exemplo padrão do módulo FCD). Primeiro *selecione a variável de saída que deseja* exibir usando a lista de *drop-down*. Os percentis e as estatísticas de simulação aparecem à direita, e o gráfico de previsão de simulação aparece à esquerda. Você pode alterar o tipo de gráfico (por exemplo, PDF, CDF), inserir *Percentis* (em %) ou *Valores de certeza* (em unidades de saída) no canto inferior esquerdo da tela (lembre-se de clicar em *Atualizar* uma vez terminado) para exibir suas linhas verticais na tabela, ou *Calcular e Mostrar* as linhas em: *Percentis* e *Confiança* no canto inferior direito da tela (selecionar tipo, *Cauda Dupla, Cauda esquerda* < ou <=, *Cauda Direita* > ou >= e, em seguida, digitar valores percentil para calcular automaticamente o intervalo de confiança, ou entrar o Intervalo de Confiança desejado, para obter os percentis relevantes). Observe que a seção inferior direita para percentis e níveis de confiança é usada para exibir linhas verticais na tabela, bem como para calcular resultados estatísticos (p.ex., ao inserir o valor percentil, o intervalo de confiança correspondente é calculado automaticamente, ao mesmo tempo em que a entrada no nível de confiança aloca automaticamente o valor percentil correspondente) em comparação com a seção na parte inferior esquerda, que é usada apenas para traçar linhas verticais na tabela.

Você também pode salvar resultados simulados para *Abrir* em uma sessão mais tarde, *Copiar Tabela* ou *Copiar Resultados* para área de transferência para colá-los em outro aplicativo de software, extrair *dados de simulação* para colá-los no Excel, para análise suplementar, modificar a tabela usando os ícones de tabela e assim por diante

A tabela de previsão é altamente flexível na qual você pode modificar sua aparência e estilo usando ícones de tabela (p.ex., tipo de cor, tipo de tabela, fundo, grades, rotação, visualização de tabela, rótulos de dados etc.). Por exemplo, se você inseriu um *Percentil %* ou *Valor de Certeza* no canto inferior esquerdo da tela e clique em *Atualizar,* você pode clicar em *Personalizar Propriedades de Texto* (Figuras 5.3 e 5.4), selecionar a *Linha Vertical,* digitar algum texto personalizado, clicar no botão *Propriedades* para alterar o tamanho/cor/digitação da fonte ou usar os ícones **A** para mover a localização do texto personalizado. Observe que a caixa de propriedades de texto personalizada estará vazia a menos que você tenha pelo menos uma linha vertical (seção inferior esquerda).

Finalmente, observe que a Tabela de Previsão nos *Resultados de Simulação* mostra uma variável de saída por vez, enquanto os *Resultados Sobrepostos* comparam várias previsões de saída simuladas ao mesmo tempo.

Figura 5.1 - Simulação de risco: Configuração de suposições de entrada

[E:\PER\PEAT-FCD.revprojecon] - ROV PROJECT ECONOMICS ANALYSIS TOOL

Arquivo Editar Projetos Relatório Ferramentas Idioma Decimais Ajuda

Bem-vindo à Ferramenta de Análise Econômica de Projetos (PEAT) da empresa ROV. Este módulo ajudará você a configurar uma série de projetos ou Opções de Investimento de Capital, modelar seus Fluxos de Caixa, Simular Riscos e executar Análises Avançadas; realizar previsão e modelagem de previsão; e otimizar sua carteira de investimentos sujeita a restrições orçamentárias e outras.

Fluxo de Caixa   Análise Aplicada   Simulação de Risco   Análise de Estratégias   Valoração/Opções Reais   Resultados Sobrepostos   Análise de Alternativas   Sensibilidade Dinâmica

Definir Premissas Entrada   Resultados da Simulação   Resultados Sobrepostos   Análise de Alternativas   Sensibilidade Dinâmica

Selecione a Opção para simular e defina as hipóteses de de distribuição das entradas relevantes. Em seguida, execute a simulação e analise os resultados.

Passo 1: Escolha uma Opção para parametrizar as Entradas.   Passo 2: Clique no ícone da Distribuição para definir uma distribuição para simular. Você pode ativar ou desativar essa modelagem em uma caixa de marcação.

Nome
Projeto 1
Projeto 2
Projeto 3
Projeto 4
Projeto 5
Projeto 6
Projeto 7
Projeto 8
Projeto 9

Variável	Ponto Único	Parâmetros	Informação dos parâmetros de simulação
DCF | Taxa de Desconto (%)	10,00%		Triangular | Mínimo: 0,0500; Mais Provável: 0,1000; Máxim...
DCF | Taxa de Imposto Marginal (%)	28,50%		Triangular | Mínimo: 0,1425; Mais Provável: 0,2850; Máxim...
Receitas | Receita de Vendas - Vendas Globais | 2016	1.742,50		Triangular | Mínimo: 871,2500; Mais Provável: 1742,5000; ...
Receitas | Receita de Vendas - Vendas Globais | 2017	11.737,16		Triangular | Mínimo: 5868,5700; Mais Provável: 11737,1400...
Receitas | Receita de Vendas - Vendas Globais | 2018	225.850,15		Triangular | Mínimo: 112925,0600; Mais Provável: 225850,1...
Receitas |			850,1...
Receitas |			850,1...
Receitas |			850,1...
Receitas |			850,1...
Receitas |			850,1...
Receitas |			850,1...
Receitas |			850,1...
Receitas |			123,4...
Receitas |			966,9...
Receitas |			236,2...
Receitas |			575,6...
Receitas |			437,4...
Receitas |			437,4...

Opções de Simulação

Correlações...

Executar Simulação

Passo 3: Executar

○ Simular todas Opções ao mesmo tempo
○ Simular apenas a Opção selecionada

Quantidade de Cenários   100

☑ Aplicar Valor Semente   123

Defaults...

Passo 4: Salvar, Editar os Modelos de Simulação
Nome: All Simulations Model All Assumptions

Novo   Salvo Como   Editar   Salvar   Apagar

Modelo
All Simulations Model All Assumptions
Project 1 Simulation

Propriedades

Triangular   Normal   Uniforme

Arco Seno   Bernoulli   Beta

Beta 3   Beta 4   Binomial

Mínimo   5.868,5700

Mais Provável   11.737,1400

Máximo   17.605,7100

OK   Cancelar

Apagar Suposições

Indicar Suposições Simulação Múltiplas Áreas

Distribuição triangular
A distribuição triangular descreve uma situação na qual você sabe os valores mínimo, máximo e os mais prováveis de acontecer. Por exemplo, você poderia descrever o número de carros vendidos por semana quando as vendas passadas mostrassem os números mínimo e máximo e o número normal de carros vendidos. Os números mínimo e máximo de itens são fixos e o número mais provável de itens situa-se entre esses valores, formando uma distribuição em forma de triângulo, que mostra que valores próximos ao mínimo e máximo são menos prováveis de acontecer do que aqueles próximos

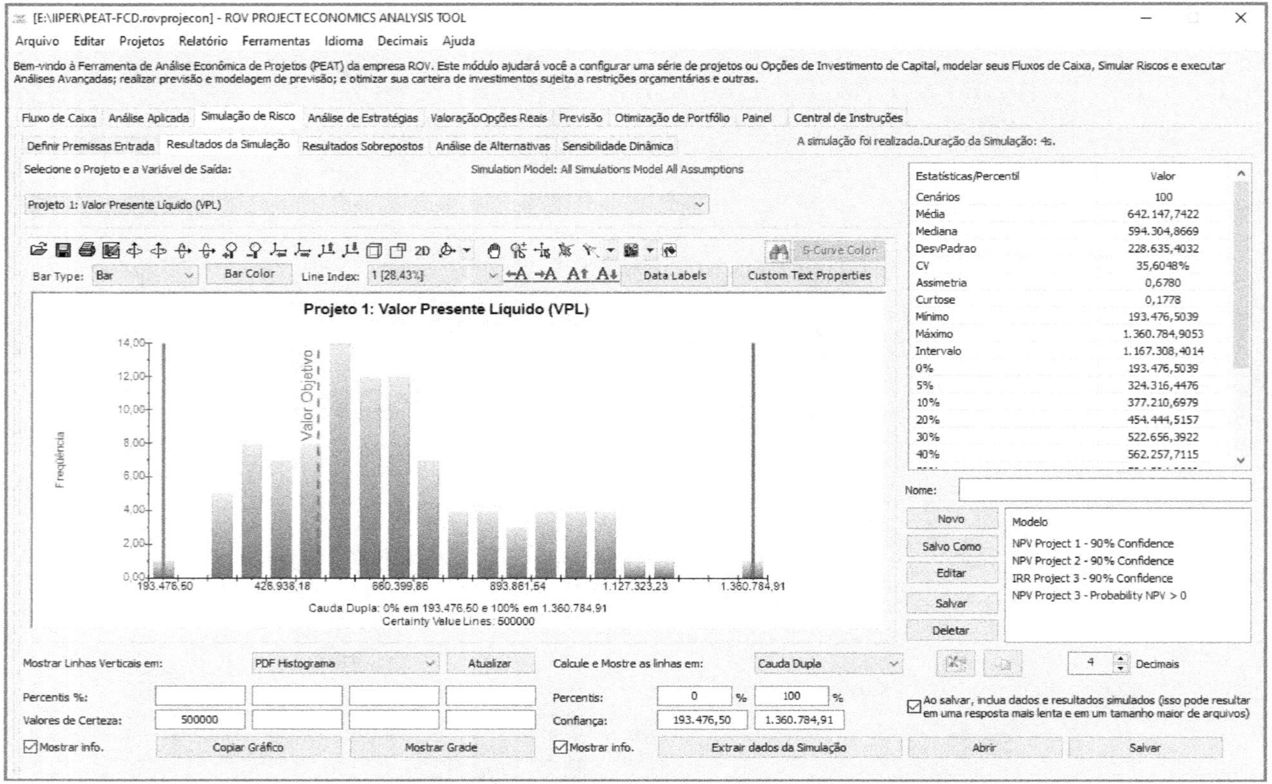

Figura 5.2 - Simulação de Risco: Resultados de Simulação

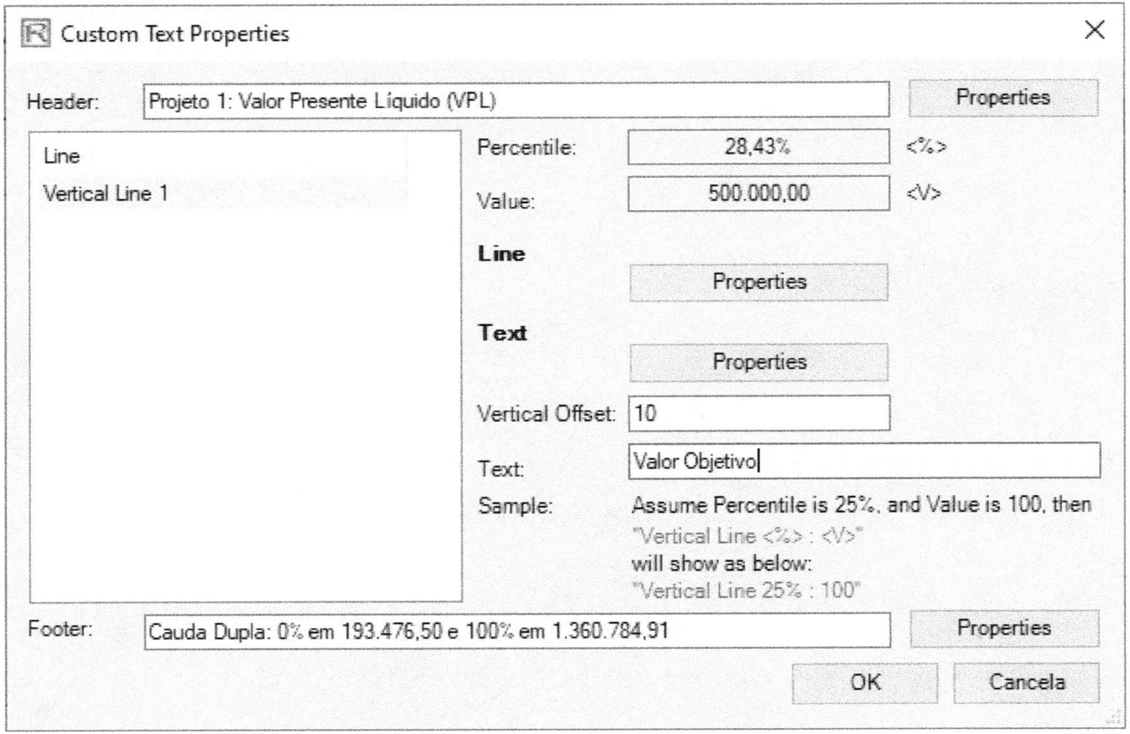

Custom Text Properties ✕

Header: | Projeto 1: Valor Presente Líquido (VPL) | Properties

Percentile: | 28.43% | <%>

Value: | 500.000,00 | <V>

Line

Properties

Text

Properties

Vertical Offset: | 10

Text: | Valor Objetivo

Sample: | Assume Percentile is 25%. and Value is 100, then
"Vertical Line <%> : <V>"
will show as below:
"Vertical Line 25% : 100"

Line

Vertical Line 1

Properties

OK | Cancela

Footer: | Cauda Dupla: 0% em 193.476,50 e 100% em 1.360.784,91

Figura 5.3 - Simulação de Risco: Texto Personalizado

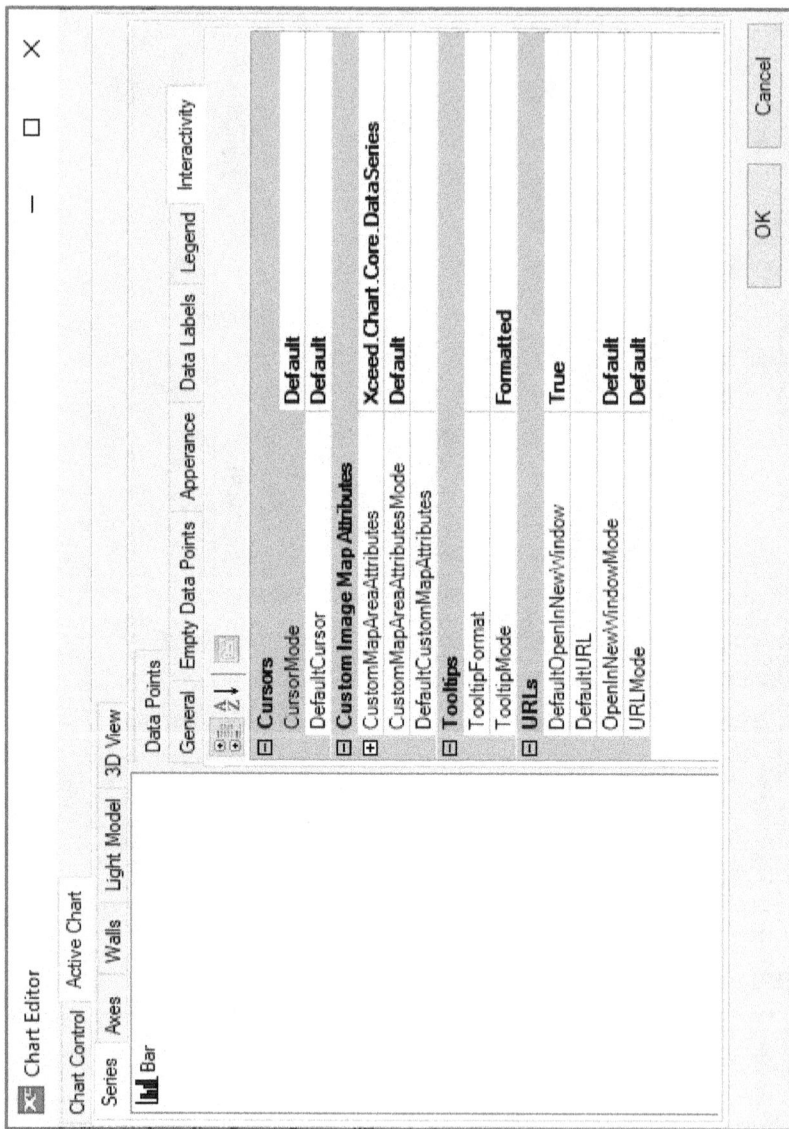

Figura 5.4 - Simulação de Risco: Personalização das Tabelas de Simulação de Previsão

Várias resultados de simulação podem ser comparados, de uma só vez, usando a guia *Resultados Sobrepostos* (Figura 5.5 mostra os resultados após a execução da Simulação todas as opções de uma só vez, a partir do exemplo padrão do módulo FCD), e depois passar para os *Resultados Sobrepostos*, onde os VPLs dos dois primeiros Projetos são escolhidas e o tipo de curva PDF é selecionada). Basta ativar/desativar as saídas simuladas que eu queria comparar e selecionar o tipo de gráfico a ser exibido (por exemplo, Curves-S, CDF, PDF). Você também pode adicionar *Linhas Percentil* e ou *Certeza* selecionando o gráfico de saída, digitando os valores relevantes e pressionando o botão *Atualizar*. Como de costume, os gráficos gerados são altamente flexíveis, pois podem ser modificados usando os ícones gráficos incluídos. Aqui estão algumas dicas adicionais:

- Comumente, as curvas **S** (CDFs) são usadas na análise de tradução, quando comparamos o perfil de risco de múltiplos resultados de previsão simulada. Você também pode converter o gráfico em uma curva PDF (ver Figura 5.5.) para ver como um projeto se empilha contra o outro (com tendências centrais mostrando retornos esperados, amplitude mostrando incertezas e riscos potenciais, assimetria direcional de cada projeto, caudas gordas em excesso ou grau de pontaria na distribuição etc.).

- Note que quanto mais cenários de simulação você executar, mais suave será o gráfico. A Figura 5.5 é apresentada apenas para fins de ilustração a execução, definindo 100 cenários, portanto os gráficos possuem linhas irregulares.

- Consulte o livro Dr. Johnathan Mun *"Modeling Risk"*, *Third Edition* (Thomson-Shore, 2016), para obter mais detalhes sobre a interpretação dos gráficos de distribuição de previsão, momentos estatísticos em gráficos de previsão, curvas S, PDFs, CDFs e outros gráficos relacionados.

- Você também pode consultar no menu *Central de Instruções | Lições Básicas de Análise econômica de Projetos* para obter detalhes rápidos sobre a interpretação das curvas **S**.

Simulação de Risco | Análise Alternativa

Enquanto os *Resultados Sobrepostos* exibem resultados simulados como gráficos (PDF/CDF), a guia *Análise de Alternativas* (Figura 5.6 exibe os Resultados da Análise Alternativa depois de executar as Simulações no exemplo padrão do módulo FCD) exibe os resultados das estatísticas de simulação em um formato de gráfico, bem como uma tabela de estatísticas de tal forma que um Projeto pode ser comparado com outro. O padrão é executar uma Análise Alternativa *para* comparar um Projeto versus o outro, mas você também pode escolher o projeto *Análise Incremental* (lembre-se de escolher o *Caso Básico* e para comparar os resultados). Por exemplo, a Figura 5.6 mostra o coeficiente relativo de variação (indicador de volatilidade do projeto e riscos relativos) para todos os projetos comparados lado a lado.

Simulação de Risco | Sensibilidade Dinâmica

Tanto a análise do Tornado quanto a análise do cenário são cálculos estáticos. *Sensibilidade Dinâmica* (Figura 5.7 mostra os resultados de Sensibilidade Dinâmica do exemplo padrão do módulo FCD após a execução de Simular Todas as Opções de Uma Vez), em contraste, é a análise dinâmica, que só pode ser realizada após a execução de uma simulação. Enquanto a análise do Tornado aplica distúrbios estáticos antes de executar uma simulação, a análise de sensibilidade aplica distúrbios dinâmicos criados após a execução da simulação.

Os gráficos *Tornado* e *Spider* são o resultado de distúrbios estáticos, ou seja, cada precedente ou variável de suposição é perturbado por uma quantidade predefinida, um a um, e as variações nos resultados são tabuladas e ordenados do maior para o menor. Em contraste, os gráficos de Sensibilidade são resultado de distúrbios dinâmicos no sentido de que múltiplas suposições são perturbadas simultaneamente e suas interações no modelo e correlações entre variáveis são capturadas nas flutuações dos resultados.

Portanto, os gráficos Tornado identificam quais variáveis são mais sensíveis para alterar os resultados e, portanto, são mais adequadas para modelagem estocástica e simulação, enquanto os gráficos de sensibilidade identificam o impacto nos resultados quando múltiplas variáveis interativas são simuladas juntas no modelo.

Os fatores críticos de sucesso na pré-simulação do gráfico Tornados às vezes diferem dos fatores críticos de sucesso do gráfico de sensibilidade pós-simulação. Os fatores críticos de sucesso da pós-simulação devem ser os de interesse, pois estes são os que mais facilmente captam, no modelo, as interações dos precedentes.

As barras vermelhas na metade direita do gráfico de mapeamento de faixa indicam *correlações negativas,* e as barras verdes no mesmo lado indicam *correlações positivas*. Os valores absolutos das correlações são utilizados para classificar o impacto das variáveis em relação ao resultado, dos mais altos para os mais baixos, para todas as suposições de entrada de simulação. A *Contribuição para Variância* indica o percentual de flutuação na variável de saída que pode ser explicada estatisticamente por flutuações em cada uma das variáveis de entrada.

[ENI:PER-PEAT-FCD-no-projeycon] - ROV PROJECT ECONOMICS ANALYSIS TOOL

Arquivo   Editar   Projetos   Relatório   Ferramentas   Idioma   Decimais   Ajuda

Bem-vindo à Ferramenta de Análise Econômica de Projetos (PEAT) da empresa ROV. Este módulo ajudará você a configurar uma série de projetos ou Opções de Investimento de Capital, modelar seus Fluxos de Caixa, Simular Riscos e executar Análises Avançadas; realizar previsão e modelagem de previsão; e otimizar sua carteira de investimentos sujeita a restrições orçamentárias e outras.

Fluxo de Caixa   Análise Aplicada   Simulação de Risco   Análise de Estratégias   Valoração/Opções Reais   Previsão   Otimização de Portfólio   Painel   Central de Instruções

Definir Premissas Entrada   Resultados da Simulação   Resultados Sobrepostos   Análise de Alternativas   Sensibilidade Dinâmica

Selecione Múltiplas Opções e Variáveis de Saída para ver os resultado da simulação lado-a-lado

A simulação foi realizado.Duração da Simulação: 4s.

Copiar Gráfico

Nome:
- [ ] Projeto 1: VP Investimento de Capital
- [x] Projeto 2: Valor Presente Líquido (VPL)
- [ ] Projeto 2: VPL com Valor Terminal
- [ ] Projeto 2: Taxa Interna de Retorno (TIR)
- [ ] Projeto 2: Taxa Interna de Retorno Modificada (TIR-M)
- [ ] Projeto 2: Total Investimento de Capital
- [ ] Projeto 2: Índice de Lucratividade (PI)
- [ ] Projeto 2: Retorno sobre Investimento (ROI)
- [ ] Projeto 2: Período de Retorno (PP)
- [ ] Projeto 2: Período de Retorno Descontado (DPP)
- [ ] Projeto 2: VP Investimento de Capital

Sobreponha Curva PDF

Selecione a Curva Si:

Percentis %:

Valores de Certeza:

Atualizar   Mostrar Grade

Nome: NPV of Projects 1 and 2

Novo   Modelo
Salvar Como   NPV of Projects 1 and 2
Editar   NPV of Projects 1, 2 and 8
Salvar   IRR of Projects 2 and 3
Deletar

S-Curve Color   Line Index:

2D

Data Labels
Custom Text Properties

— Projeto 1 Valor Presente Líquido (VPL)
— Projeto 2 Valor Presente Líquido (VPL)

PDF Sobrepostas

Frequência

16
14
12
10
8
6
4
2

-2.000.000   -1.000.000   0   1.000.000   2.000.000   3.000.000

Projeto 1: Valor Presente Líquido (VPL) and Projeto 2: Valor Presente Líquido (VPL) Overlap 50, 13%

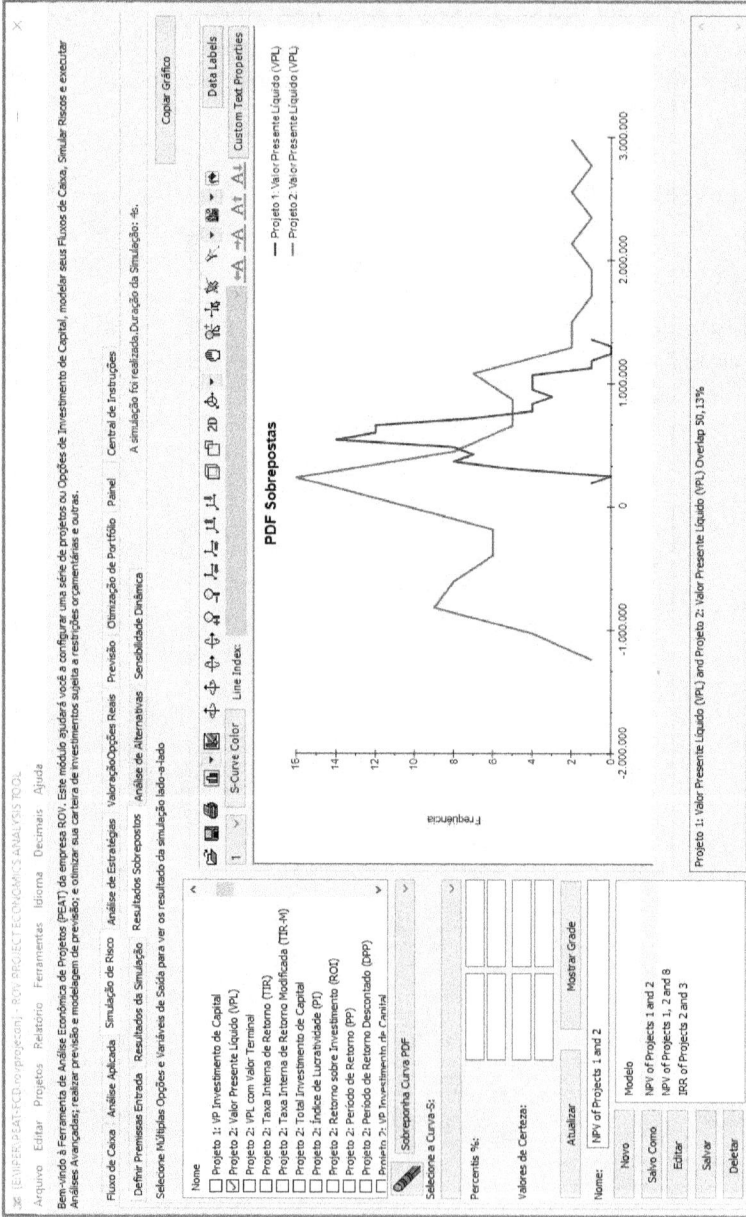

Figura 5.5 – Simulação de Risco: Resultados Sobrepostos

Arquivo   Editar   Projetos   Relatório   Ferramentas   Idioma   Decimais   Ajuda

Bem-vindo à Ferramenta de Análise Econômica de Projetos (PEAT) da empresa ROV. Este módulo ajudará você a configurar uma série de projetos ou Opções de Investimento de Capital, modelar seus Fluxos de Caixa, Simular Riscos e executar Análises Avançadas; realizar previsão e modelagem de previsão; e otimizar sua carteira de investimentos sujeita a restrições orçamentárias e outras.

Fluxo de Caixa   Análise Aplicada   Simulação de Risco   Análise de Estratégias   Valoração/Opções Reais   Previsão   Otimização de Portfólio   Painel   Central de Instruções

Definir Premissas Entrada   Resultados da Simulação   Resultados Sobrepostos   Análise de Alternativas   Sensibilidade Dinâmica

A simulação foi realizada.Duração da Simulação: 5s.

Você pode comparar os resultados simulados de todas as suas Opções/Projetos. Primeiro a simulação deve ser executada, antes que possa obter algum resultado. Escolha se deseja comparar todas as Opções (análise de alternativas) ou contra uma referência (Análise Incremental).

ANÁLISES DE ALTERNATIVAS E ANÁLISES INCREMENTAIS SOBRE CASO REFERÊNCIA

◉ Análise de Alternativas(sem Caso Base)   ○ Análise Incremental(escolha um Caso Base)

Projeto 1
[0 ⇕] Decimais

Resultados   Valor Presente Líquido (VPL)

OPÇÕES	Projeto 1	Projeto 2	Projeto 3	Projeto 4	Projeto 5	Projeto 6	Projeto 7	Projeto 8	Projeto 9	Projet
Média	642.148	317.168	32.046	34.965	100.088	70.048	1.027.542	400.701	20.477	40.4
Mediana	594.305	195.684	29.135	31.958	97.292	67.983	535.890	346.710	20.576	38.1
DesvPadrao	228.635	957.325	20.940	18.803	30.094	19.557	1.705.849	421.655	12.791	13.6
Variância	5,18E+010	9,07E-011	4,34E+008	3,50E-008	8,97E-008	3,79E-008	2,88E+012	1,76E+011	1,62E-008	1,85E-
CV	35,60%	301,84%	65,34%	53,78%	30,07%	27,92%	166,01%	105,23%	62,47%	33,7
Assimetria	0,6780	0,8945	0,6070	0,0958	0,1829	0,6544	0,8563	0,6672	0,0894	0,46
Curtose	0,1778	0,5722	0,4457	-0,4773	0,3646	0,2983	0,2573	0,7693	0,2731	-0,1
Mínimo	193.477	-1.237.431	-12.892	-11.590	26.754	35.709	-1.647.200	-579.898	-7.379	13.3
Máximo	1.360.785	2.978.841	101.027	78.130	185.388	133.980	6.314.609	1.934.288	54.607	80.8
Intervalo	1.167.308	4.216.272	113.919	89.720	158.635	98.270	7.961.809	2.514.186	61.986	67.4
0% Percentil	193.477	-1.237.431	-12.892	-11.590	26.754	35.709	-1.647.200	-579.898	-7.379	13.3
5% Percentil	324.316	-899.042	1.063	7.272	54.431	42.088	-941.026	-122.284	-2.225	20.2
10% Percentil	377.211	-794.054	9.354	11.930	62.211	46.948	-834.287	-78.464	3.259	24.8
20% Percentil	454.445	-516.405	14.700	20.133	79.107	51.987	-515.646	40.333	10.489	28.4
30% Percentil	522.656	-253.797	19.906	25.090	86.609	59.511	-42.373	139.706	15.082	32.0
40% Percentil	562.258	7.588	23.329	28.336	90.083	62.330	348.825	204.861	17.682	34.7
50% Percentil	594.305	195.684	29.135	31.958	97.292	67.983	535.890	346.710	20.576	38.1
60% Percentil	653.699	298.819	34.353	39.348	105.526	72.190	1.048.331	473.129	22.925	43.1
70% Percentil	721.547	618.589	42.761	45.769	114.533	80.401	1.604.432	657.448	26.059	46.1
80% Percentil	830.524	1.010.436	46.673	53.714	122.929	85.483	2.567.317	768.219	30.278	51.8
90% Percentil	983.044	1.594.479	61.095	59.358	138.126	94.634	3.545.245	906.231	35.533	58.0
95% Percentil	1.047.260	2.343.008	67.138	65.891	151.818	101.580	4.325.768	1.105.081	40.923	66.1
100% Percentil	1.360.785	2.978.841	101.027	78.130	185.388	133.980	6.314.609	1.934.288	54.607	66.0

Simulation Model: All Simulations Model All Assumptions

Valor Presente Líquido (VPL) (Options)

☐ 2D Barra   ☐ Esconder Valores zero   Copiar Gráfico

Figura 5.6 - Simulação de Risco: Análise de Alternativas

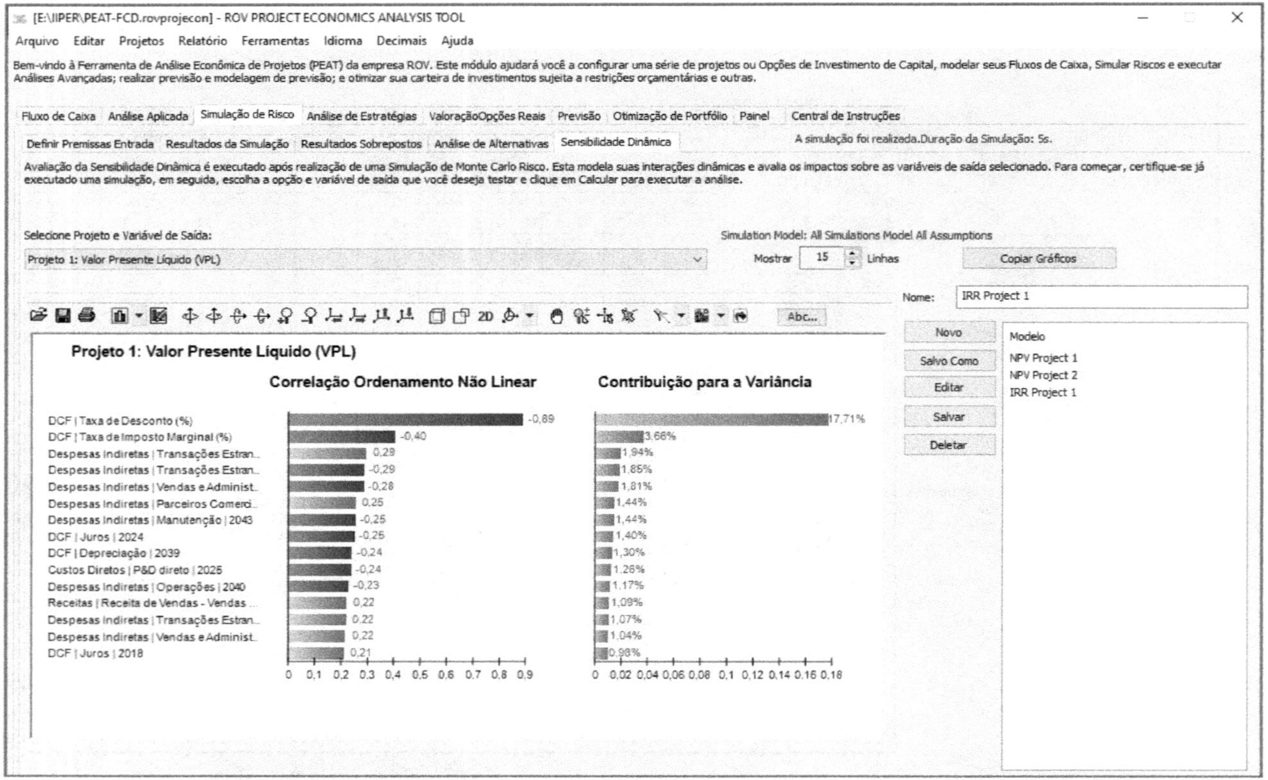

Figura 5.7 - Simulação de Risco: Sensibilidade Dinâmica

OPÇÕES ESTRATÉGICAS

Em *Opções Estratégicas* você pode desenhar seu próprio mapa de estratégias personalizado ou rotas estratégicas das opções reais (Figura 6.1). Esta seção só permite que você plote e visualize essas rotas estratégicas e não faz cálculos. A próxima seção, *Valoração de Opção,* é onde os cálculos são realmente realizados. Sinta-se livre para explorar os recursos desta seção, mas recomendamos assistir ao *Vídeo de Opções Estratégicas* (na seção de software do *Central de Conhecimento)* para começar rapidamente a usar esta ferramenta poderosa. Você também pode explorar algumas opções de estratégia padrão clicando no Primeiro Ícone e selecionando qualquer um dos *Exemplos.*

A metodologia padrão que aparece é a de uma *Árvore de Estratégias* (por exemplo, apenas representações visuais de rotas estratégicas de implementação de investimentos sem cálculos; todos os cálculos e avaliações quantitativas são realizados na próxima guia, *Valoração Opções Reais).* O método conhecido como *Árvore de Decisão,* com possibilidade de avaliação dinâmica simulada também estão disponíveis quando você clica no botão *ROV Decision Trees ou* no último *Ícone* (árvores de decisão podem ser usadas para executar modelos de decisão básicas, bem como outros métodos mais avançados, como simulação de risco em nós de decisão, aplicativos e atualizações de teorema de Bayes, valor de informações esperado, análise da função de utilidade e assim por diante). Aqui estão algumas notas sobre os itens que você encontrará nessa guia:

- *Inserir Opção* ou *Inserir Terminal.* Primeiro selecionando qualquer forma geométrica ou *nó* existente e, em seguida, clicando no ícone do *Inserir Opção* (retângulo) ou no ícone *Inserir Terminal* (triângulo).

- Modifique as propriedades individuais da *Opção* ou *Terminal* clicando duas vezes em uma das formas ou *nós*. Às vezes, quando você clica em um *nó*, todas as formas "filhas" subsequentes também são selecionadas (isso permite que você mova a árvore em sua totalidade começando com esse *nó* selecionado). Se você quiser selecionar apenas esse *nó*, você terá que clicar no plano de fundo vazio e clicar nesse *nó* novamente para selecioná-la individualmente. Você também pode mover individualmente as *formas* ou toda a árvore do *nó* selecionado dependendo da escolha, para isso, com o *nó* selecionado, clique com o botão direito do *mouse* ou no ícone *Editar* na guia e selecionar *Mover Nó Individualmente* ou *Mover Nós Juntos*).

- Abaixo estão algumas descrições rápidas das coisas que podem ser personalizadas e configuradas nas propriedades do nó na interface do usuário. O mais fácil é testar diferentes configurações para cada um dos seguintes para ver seus efeitos na Árvore de Estratégia:

  o *Nome.* O nome que aparece acima do nó.

  o *Valor.* O valor que aparece abaixo do nó.

  o *Link Excel.* Vincula o valor de uma célula na planilha do Excel.

  o *Notas.* As notas podem ser inseridas acima ou abaixo de um nó.

  o *Mostrar no Modelo.* Exibe todas as combinações de Nome, Valor e Notas.

  o *Cor Local* versus *Cor Global.* As cores do nó podem ser alteradas localmente ou globalmente.

  o *Tag In.* O texto pode ser colocado dentro do nó (você precisaria estender a forma para acomodar texto mais longo).

  o *Nome do Evento no Ramo.* O texto pode ser colocado no ramo que vai para o nó para indicar o evento direcionado para este nó.

  o *Selecione Opções Reais.* O nó atual pode ser atribuído a um tipo específico de Opção Real. Atribuir Opções Reais a nódulos permite que a *Editar | Requisitos de*

Dados para Modelagem gere uma lista de variáveis de entrada necessárias.

- Todos os *Elementos Globais* são personalizáveis, incluindo *Elementos da Árvore de Estratégia*, tais como: *Fundo, Linhas de Conexão, Nós de Opção, Nós Terminal* e *Caixas de Texto*. Por exemplo, as seguintes configurações podem ser alteradas para cada um dos itens:

  o Configurações da *Fonte* para nome, valor, notas, rótulo, nomes de eventos.
  o *Tamanho do nó* (altura mínima e máxima e amplitude).
  o *Bordas* (estilos de linha, amplitude e cores).
  o *Sombra* (cores e se deve ou não aplicar uma sombra).
  o *Cor Global.*
  o *Forma Global.*

- Os *Arquivos de exemplo* estão disponíveis no primeiro *menu da* guia de ícones e são úteis para começar a criar árvores de estratégia.

- O comando *Proteção (Crtl+T)* do arquivo, localizado no menu de ícones *Arquivo* permite que a Árvore de Estratégias seja criptografada juntamente com criptografias de senha de 250 bits. Tenha cuidado ao criptografar um arquivo, pois se a senha for perdida, o arquivo não poderá ser reaberto.

- Você pode *Capturar a Tela* ou imprimir o modelo existente usando o menu de *Ícones | Arquivo*. A tela capturada pode então ser colada a outros aplicativos de software.

- Você pode *Adicionar, Duplicar, Renomear* e *Excluir* uma Árvore de Estratégia clicando com o botão direito do mouse na guia Árvore de Estratégia ou no menu *Editar.*

- Você também pode inserir *link* de arquivo ou inserir comentário em qualquer opção ou nó Terminal ou *Inserir Texto* ou *Inserir Imagem* em qualquer lugar no plano de fundo ou área de tela.

- Você pode *Alterar Estilos* existentes ou gerenciar e *Criar Estilos Personalizados* em sua árvore de estratégia (isso inclui o tamanho, a forma, os esquemas de cores e as especificações de tamanho/cor da fonte para toda a Árvore de Estratégia).

Valoração de Opções

A seção *Valoração de Opções* realiza cálculos para modelos ROV - Avaliação de Opções Reais (Figuras 6.2-6.5 mostram os resultados ao usar as entradas do exemplo padrão). Certifique-se de que você possa entender o básico das Opções Reais antes de prosseguir. Inicialmente, escolha o *tipo da Opção* [Passo1] (p.ex., Americana, Bermuda ou Europeia). [Passo 2] Selecione um modelo de opção para parametrizar (p.ex., *Opções de Única Fase e Ativo, Opção Sequencial e Múltiplas Fases*) e, com base nos tipos de opções selecionadas, [Passo3] digite as entradas necessárias e [Passo 5] clique em *Calcular*. Em seguida, algumas informações básicas e um caminho de amostra estratégica aparecem no lado direito na *Janela de Estratégia*. Você também pode realizar uma análise *Tornado* e *Cenário* no modelo de opção, e os modelos de opções podem ser *salvos* [Passo 4] como para recuperação futura.

Você pode clicar no botão *Carregar Exemplo* para carregar um exemplo de um conjunto típico de entradas que podem ser usadas como um orientação para implementar seu próprio modelo de opções, ou clicar nas listas *drop-down* em *Entrada Manual* para calcular automaticamente as entradas com base em um dos projetos selecionados (p.ex., algumas das entradas de opção reais serão vinculadas e calculadas a partir das saídas do modelo FCD e resultados de simulação).

Tipos de Opções

- As *opções Americanas* podem ser executadas a qualquer momento até, e incluindo, a data de expiração.

- As *opções Europeias* **só** podem ser executadas em um determinado momento, na data de vencimento.

- *As opções Bermudas* podem ser executadas em determinados períodos e podem ser consideradas como um híbrido entre as opções Americana e Europeia. Pode haver um período de bloqueio ou consolidação quando a opção não pode ser executada; mas fora desses períodos, até o vencimento da opção, você pode executar a opção.

Opção de Esperar e Executar

Tempo adicional é comprado para aguardar novas informações através da pré-negociação de preços e outros termos contratuais para obter a opção, mas não a obrigação de comprar para executar algo no futuro se as condições a garantirem (esperar e ver antes de executar).

- Primeiro execute uma *Prova de Conceito* para determinar melhor os riscos de custo e cronograma de um projeto, antes de executar imediatamente e assumir o risco.

- *Construir, Comprar* ou *Alugar*. Desenvolvimento interno ou uso de tecnologia ou produtos disponíveis comercialmente.

- *Múltiplos Contratos* existentes que podem ou não ser executados.

- *Pesquisa de Mercado* para obter informações valiosas antes de decidir.

- *Capital de Risco* e Pequeno Investimento em *startups* com direito a preferência ou rejeição inicial antes de se solicitar financiamento em larga escala.

- Valores relativos de Análise Alternativa Estratégica ou Cursos de Ação levando em conta o risco e o Valor da Informação.

- Negociações de contratos com fornecedores, estratégia de compras com ramificações baseadas no setor (suporte competitivo e capacidade estratégica e disponibilidade).

- Avaliação de Projetos e Modelagem de Capacidade ROI.

- Capitalizar outras oportunidades, reduzindo os riscos de implementação em larga escala e determinando o valor da Pesquisa & Desenvolvimento (implementação paralela de alternativas enquanto aguarda o sucesso tecnológico do projeto principal, e sem atrasar o projeto devido a um componente ruim no projeto).

- Produção inicial de baixo índice, criação de protótipos e demonstração avançada do conceito tecnológico antes de fazer uma implementação em larga escala.

- Contratos com Direito de Preferência (*Right of First Refusal*).

- Valor da Informação através de custos de previsão, capacidade, agendamento e outras métricas

- Cobertura (*Hedging*) e Opções de Compra e Venda para executar algo no futuro com termos atualmente acordados, Derivativos OTC[1] (*over-the-counter*) (Preço, Demanda, Forex, Taxas de Juros a Prazo, Futuros, Opções, Opções de Swap para Cobertura).

Opção de Abandono

Cobre os riscos e perdas de impacto negativo, economizando algum valor de um projeto ou ativo falido, que esteja fora do dinheiro (*out-of-the-money*)(vender propriedade intelectual e ativos, abandonar e se afastar de um projeto, recomprar/vender provisões).

- Ativos de Saída e Resgate e propriedade intelectual para reduzir perdas.

- Desinvestimento e Empresa Derivada.

- Recomprar provisões em um contrato.

- Pare e saia antes de executar a próxima fase.

- Rescisão por Conveniência.

- Disposições de Saída antecipada e *Stop Loss* (Seguro) em um contrato.

Opção de Expansão

Aproveite as oportunidades de impacto positivos por ter plataformas, estruturas e tecnologias existentes que podem ser facilmente expandidas (usinas de pico, plataformas de petróleo maiores, tecnologias de desenvolvimento de salto cedo/salto, tecnologia de maior capacidade ou implantadas para expansão futura).

- Tecnologias de Plataforma.

- Fusões e Aquisições.

---

1 Derivativos OTC - são contratos negociados de forma privada, diretamente entre duas partes, sem passar por uma bolsa ou outro intermediário. Produtos como swaps, contratos de taxas a termo, opções exóticas - e outros derivativos exóticos - quase sempre são negociados dessa forma.

- Recursos de expansão integrada.

- Expansão Geográfica, Tecnológica e de Mercado.

- Vendas militares no exterior.

- Reutilização e Escalabilidade.

Opção de Contração

Reduz o risco de impacto negativo, mas ainda participa da redução de lucros (a contraparte assume ou vincula-se a determinadas atividades de participação nos lucros; ao mesmo tempo reduz o risco de falência ou perda severa da empresa em um projeto arriscado, mas potencialmente rentável).

- Terceirização, Alianças, Empreiteiros, Aluguel.

- Joint Venture.

- Alianças Estrangeiras.

- Co-Desenvolvimento e Co-Marketing.

Portifólio de Opções

Combinações de opções e flexibilidade estratégica dentro de um portfólio de opções aninhadas (dependências de rotas, opções mutuamente exclusivas/incluindo aninhadas).

- Eles determinam o portfólio de recursos de projeto para desenvolver e executar dentro das Restrições orçamentárias e de tempo, e quais novas Configurações de Produtos desenvolver ou adquirir para implantar determinadas capacidades.

- Eles permitem diferentes Rotas Flexíveis: Mutuamente Exclusivo (P1 ou P2, mas não ambos), Tecnologia de Plataforma/Pré-Requisito (P3 requer P2, mas P2 pode ser independente; caro e inútil se você se considerar independentemente das opções de *flexibilidade a jusante* que você fornece na próxima fase), opções de expansão, opções de abandono, desenvolvimento paralelo ou opções compostas simultâneas.

- As Carteiras Ideais são determinadas, dado cenários orçamentários que ofereçam capacidade máxima, flexibilidade e rentabilidade com risco mínimo.

- Eles determinam os testes necessários em sistemas Modulares, estimativas médias de tempo de falha e requisitos de substituição e redundância.

- Valor relativo das Opções de Flexibilidade Estratégica (Opções de Abandono, Escolha, Contração, Expansão e Alteração, e Opções Compostas Sequenciais, Opções com Barreira e muitos outros tipos de opções exóticas).

- Manter os níveis de capacidade e disposição.

- Portfólio de Produtos, Inventário e Produção

- Capacidade de seleção e fornecimento.

Opções Sequenciais

Existe um ganho significativo se os investimentos puderem ser reduzidos ao longo do tempo, reduzindo assim o risco de um investimento inicial único (o estudo de viabilidade do desenvolvimento de fármacos e a fabricação de produtos de alta tecnologia são frequentemente apresentados em fases ou etapas).

- Implementação em etapas de desenvolvimento de projetos de alto risco, prototipagem, produção inicial de baixo índice, testes de viabilidade, competições de demonstração de tecnologia.

- Contratos governamentais multi-estágios com a opção de sair a qualquer momento, Rescisão por Conveniência, a flexibilidade integrada para executar diferentes rotas de ação em estágios específicos de desenvolvimento.

- P3I, *Milestone*, P&D e Opções em Fases.

- Plataforma tecnológica.

Opções de Troca (Switch)

Capacidade de escolher entre várias opções, melhorando assim a flexibilidade estratégica para manobrar dentro do reino da incerteza (manter um pé em uma porta enquanto explora outro para decidir se faz sentido mudar ou ficar como está).

- Capacidade de alternar entre várias matérias-primas a serem utilizadas quando os preços de cada matéria-prima flutuam significativamente.

- Disposição e capacidade de mitigar riscos através da mudança de fornecedores em uma Arquitetura Aberta através de Vários Fornecedores e Design Modular.

Outros tipos de Opções Reais

Opções de Barreira, opções personalizadas, opções exóticas, opção composta simultânea, opções de Conversão de Ação como Pagamento a Executivos, opções integradas de contrato, opções de Bloqueio/Consolidação, opções de mercado e disposições de controle de alterações, entre muitos outros!

Parâmetros de Entrada de Opções

- *Valor do Ativo.* O valor do ativo subjacente antes dos custos de implantação. Você pode calculá-lo pegando a VPL e adicionando a soma dos valores atuais dos investimentos de capital.

- *Custo de Implementação.* O custo para executar a opção (normalmente este é o custo para executar uma opção de espera ou uma opção de expansão).

- *Volatilidade.* Volatilidade anualizada (medida de risco e incerteza, em percentagem) do ativo subjacente.

- *Expiração.* Prazo de vencimento da opção, definido em anos (por exemplo, uma opção de vida de dois anos e meio pode ser inserida como 2,5).

- *Taxa Livre de Risco.* O retorno da taxa de juros sobre um título público livre de risco com vencimento proporcional ao da opção.

- *Taxa de Dividendos.* O custo de oportunidade anualizado por não executar a opção, como uma porcentagem do ativo subjacente.

- *Passos da Árvore.* O número de passos na árvore binomial ou multinomial para executar o cálculo. O número que normalmente recomendamos é entre 100 e 1000, e você pode rever a convergência dos resultados. Quanto maior o número de passos na árvore, maior o nível de convergência e granularidade (p.ex., o número de precisão decimal).

- *Ano de Bloqueio (blecaute).* O período de consolidação em anos, durante o qual a opção <u>não</u> pode ser executada (europeia), mas a opção torna-se americana na data deste período de consolidação até o seu vencimento.

- *Expiração das Fases.* O número de anos até o final de cada fase em um modelo de opção composta sequencial.

- *Custo para Implementar as Fases.* Os custos para executar cada uma das fases subsequentes em uma opção composta sequencial, e que podem ser definidos como zero ou um valor positivo.

- *Fator de Expansão.* O aumento relativo da relação sobre o ativo subjacente quando a opção de expansão é executada (geralmente isso é maior que 1).

- *Fator de Contração.* A redução relativa da relação sobre o ativo subjacente quando a opção de contração é executada (geralmente menor que 1).

- *Poupança (Economias).* A poupança líquida recebida pelas operações de contratação.

- *Resgate (Salvado).* O valor das vendas líquidas após as despesas ao deixar um ativo.

- *Barreira.* A barreira superior ou inferior de uma opção com a qual se o ativo subjacente violar essa barreira, a opção fica viva ou perde seu valor, dependendo do tipo de opção modelada.

Arquivo   Editar   Projetos   Relatório   Ferramentas   Idioma   Decimais   Ajuda

Bem-vindo à Ferramenta de Análise Econômica de Projetos (PEAT) da empresa ROV. Este módulo ajudará você a configurar uma série de projetos ou Opções de Investimento de Capital, modelar seus Fluxos de Caixa, Simular Riscos e executar Análises Avançadas; realizar previsão e modelagem de previsão; e otimizar sua carteira de investimentos sujeita a restrições orçamentárias e outras.

Fluxo de Caixa   Análise Aplicada   Simulação de Risco   Análise de Estratégias   Valoração/Opções Reais   Previsão   Otimização de Portfólio   Painel   Central de Instruções

ROV Decision Trees   Copiar Árvore

Multi-Stage Development: Alternative Development

Este é um caminho alternativo que os tomadores de decisão estão decidindo

Acelere o desenvolvimento em duas fases e assuma o risco

Fase I
Custo inicial mais alto
-20,00

Fase II
-50,00

Abandonar
Abandone e venda ativos ou propriedade intelectual por US $ 20 milhões
20,00

Expandir
Investir US $ 20 milhões, criar um novo produto, 50% mais participação de mercado

Contrair
Reduza os gastos com P&D em US $ 20 milhões e os lucros em 50%
20,00

Uma análise de NPV não pode levar em conta essas opções para fazer correções no meio do curso ao longo do tempo, quando a incerteza é resolvida.

A nova tecnologia renderá um aumento potencial de 50% nas receitas projetadas, se implementada. No entanto, a Tecnologia B pode ser aplicada somente após o sucesso dos esforços de P&D da Fase IV.

Distribua os investimentos em P&D ao longo do tempo. Gaste um pouco mais de tempo para decidir se essa nova tecnologia emergente é viável. A empresa pode cortar suas perdas e

Exit

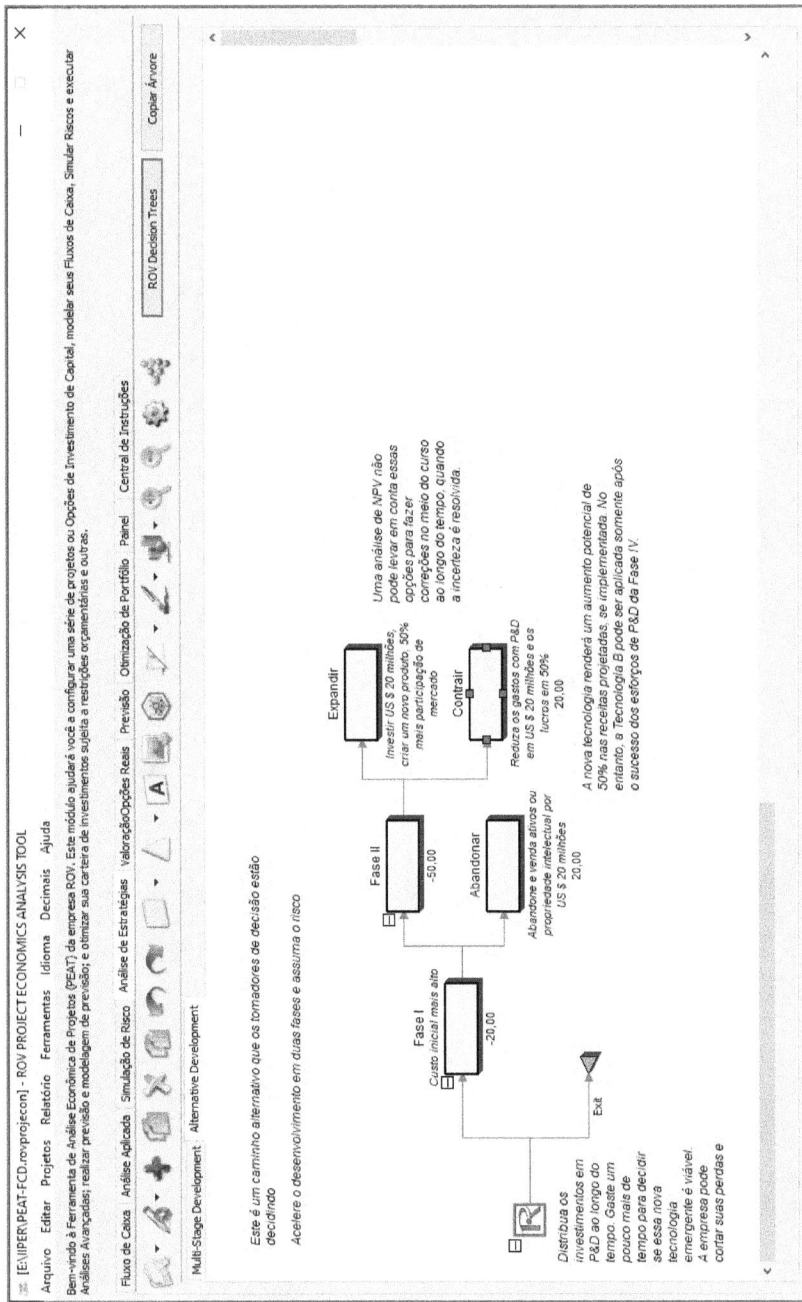

Figura 6.1 – Montagem das Estratégias de Opções

Arquivo(F) Editar(E) Projetos(P) Relatório(R) Ferramentas(T) Idioma(Language) Decimais(D) Ajuda(H)

Welcome to the ROV Project Economics Analysis Tool (PEAT). This module will help you set up a series of projects or Capital Investment Options, model their Cash Flows, Simulate Risks, and run Advanced Analytics; perform Forecasting and Prediction Modeling; and Optimize your Investment Portfolio subject to Budgetary and other Constraints.

Fluxo de Caixa Análise Aplicada Simulação de Risco Análise de Estratégias Valoração Opções Reais Previsão Otimização de Portfólio Painel Central de Instruções

Essa guia permite que você modele as estratégias mais comuns de opções reais. Para os modelos mais complexos de opções reais (por exemplo, mudança de entradas ao longo do tempo, entradas simuladas, opções personalizadas complexas, opções animadas, etc.), por favor use o Real Options SLS software em seu lugar.

Passo 1: Selecione o tipo de opção desejada:
◉ Americana   ○ Bermuda   ○ Europeia

Passo 2: Selecione o tipo de Opção Real a modelar e valorar:
○ Opção de Única Fase e Ativo:
  Opção de Abandono
◉ Opção Sequencial Múltipla em Fases:
  2 Opções em Fase (Prova de Conceito, R&D)

Passo 3: Entre com os parâmetros da Opção Real:
Premissas Básicas da Opção:
Valor do Ativo (VP dos Benefícios líquidos):   1.620.263,34
Volatilidade (Risco Anualizado %):   54,77%
Taxa Livre de Risco (Taxa Desconto s/risco %):   3,50%
Taxa de Dividendos (Custo de Oportunidade %):   0,00%
Passo da Árvore (entre 100 e 1000):   100

Opções com Múltiplas Fases (parâmetros):
Maturidade da fase 1:   1,00   Custo de Implementação da Fase 1:   200.000,00
Maturidade da fase 2:   3,00   Custo de Implementação da Fase 2:   500.000,00

Carregar Exemplo   Entrada Manual   Entrada Manual

Passo 4: Salvar/Editar Modelo (Opcional):
Nome do Modelo:
Project 8 Two Phased Investment
Renomear   Editar(E)
Apagar   Salvar

Modelo
Project 1 Abandonment Option
Project 3 Expansion Option
Project 8 Two Phased Investment

Passo 5: Calcule o valor da estratégia com Opções Reais:
Calcular   Resultado: 1.009.732,5978

Ver Estratégias Sensibilidade Tornado Cenário

Calcular o valor de uma opção sequencial composta com duas fases. Ou seja, se calcula o valor da implementação da estratégia em parte sucessivas (stage-gate), característica de desenvolvimento de projetos de alto risco com desdobramento em subprojetos como, prototipagem, testes de viabilidade técnica baixa taxa inicial-produção, demonstração de tecnologia ou contratos de valorização com múltiplos estágios, com a opção de sair a qualquer momento, com a flexibilidade built-in para executar diferentes cursos de ação em fases específicas de desenvolvimento; marcos, ou programas de pesquisa e desenvolvimento realizados em fases. Digite o valor presente dos custos de implementação em cada fase e a maturidade de cada fase (ou seja, o tempo zero até o final de cada fase) em anos. Em cada fase, você tem a opção de sair e ir embora com o projeto ou ativo.

At the end of Phase I, the firm has the option to either continue on to Phase II or not. As an example, suppose Phase I is the actual development phase and Phase II is the market research phase. What is the value of information given an uncertainty in the technology? How much would the firm be willing to pay to obtain the information?

Market Research
Phase I
Proof of concept, prototyping

Start

Exit
Do Nothing

Spend some money on market research to test the product before spending too much to start a full R&D campaign.

Full Development
Phase II

Invest if market research indicates success

Exit
Walk Away

Figura 6.2 - Avaliação de Opções: Pressupostos de Entrada e Visão de Estratégia

[E:\IIPER\PEAT-FCD.rovprojecon] - ROV PROJECT ECONOMICS ANALYSIS TOOL

Arquivo(F) Editar(E) Projetos(P) Relatório(R) Ferramentas(T) Idioma(Language) Decimais(D) Ajuda(H)

Welcome to the ROV Project Economics Analysis Tool (PEAT). This module will help you set up a series of projects or Capital Investment Options, model their Cash Flows, Simulate Risks, and run Advanced Analytics; perform Forecasting and Prediction Modeling; and Optimize your Investment Portfolio subject to Budgetary and other Constraints.

Fluxo de Caixa   Análise Aplicada   Simulação de Risco   Análise de Estratégias   Valoração Opções Reais   Previsão   Otimização de Portfólio   Panel   Central de Instruções

Passo 1: Selecione o tipo de opção desejada:
◉ Americana   ○ Bermuda   ○ Europeia

Passo 2: Selecione o tipo de Opção Real a modelar e valorar:
○ Opção de Única Fase e Ativo:
  Opção de Abandono
◉ Opção Sequencial Múltipla em Fases:
  2 Opções em Fase (Prova de Conceito, R&D)

Passo 3: Entre com os parâmetros da Opção Real:

Premissas Básicas da Opção:

Valor do Ativo (VP dos Benefícios líquidos): 1.620.263,34   Entrada Manual

Volatilidade (Risco Anualizado %): 54,77%   Entrada Manual

Taxa Livre de Risco (Taxa Desconto s/risco %): 3,50%

Taxa de Dividendos (Custo de Oportunidade %): 0,00%

Passo da Árvore (entre 100 e 1000): 100

Opções com Múltiplas Fases (parâmetros):
Maturidade da fase 1: 1,00   Custo de Implementação da Fase 1: 200.000,00
Maturidade da fase 2: 3,00   Custo de Implementação da Fase 2: 500.000,00

Passo 4: Salvar/Editar Modelo (Opcional):
Nome do Modelo:

Project 8 Two Phased Investment

[Renomear] [Editar(E)]
[Apagar] [Salvar]

Modelo
Project 1 Abandonment Option
Project 3 Expansion Option
Project 8 Two Phased Investment

[Carregar Exemplo]

Essa guia permite que você modele as estratégias mais comuns de opções reais. Para os modelos mais complexos de opções reais (por exemplo, mudança de entradas ao longo do tempo, entradas simuladas, opções personalizadas complexas, opções aninhadas, etc.), por favor use o Real Options SLS software em seu lugar.

Passo 5: Calcule o valor da estratégia com Opções Reais:
[Calcular]   Resultado: 1.009.732,5978

Ver Estratégias   Sensibilidade   Tornado   Cenário
Sensibilidade +/- 10 %
Mostrar parte Superior 10 variáveis   [Atualizar]   [Copiar Grade]
Mostrar Resultados com 0 decimais

Americanas: 2 Opções em Fase (Prova de Conceito, R&D)

Resultado: 1.009.733

Entradas	Base Valor:		Saída Baixa	Saída Subida	Efetiva Variação	Entrada Baixa	Entrada Alta	Caso Base Valor
Valor do Ativo (VP dos Benefícios líquidos)			855.705	1.166.207	310.502	1.458.237	1.782.290	1.620.263
Custo de Implementação da Fase 2			1.046.471	974.675	71.796	450.000	550.000	500.000
Custo de Implementação da Fase 1			1.028.496	991.157	37.339	180.000	220.000	200.000
Volatilidade (Risco Anualizado %)			998.228	1.023.627	25.400	49%	60%	55%
Maturidade da fase 2			1.000.957	1.018.923	17.966	3	3	3
Taxa Livre de Risco (Taxa Desconto s/risco %)			1.005.291	1.014.148	8.857	3%	4%	4%
Maturidade da fase 1			1.008.505	1.011.635	3.131	1	1	1
Taxa de Dividendos (Custo de Oportunidad...			1.009.733	1.009.733	0	0%	0%	0%

Figura 6.3 – Classificação de Opções: Análise de Sensibilidade nas Opções

Arquivo(F)   Editar(E)   Projetos(P)   Relatório(R)   Ferramentas(T)   Idioma(Language)   Decimais(D)   Ajuda(H)

Welcome to the ROV Project Economics Analysis Tool (PEAT). This module will help you set up a series of projects or Capital Investment Options, model their Cash Flows, Simulate Risks, and run Advanced Analytics; perform Forecasting and Prediction Modeling; and Optimize your Investment Portfolio subject to Budgetary and other Constraints.

Fluxo de Caixa   Análise Aplicada   Simulação de Risco   Análise de Estratégias   Valoração   Opções Reais   Previsão   Otimização de Portfólio   Painel   Central de Instruções

Passo 1: Selecione o tipo de opção desejada:
● Americana   ○ Bermuda   ○ Europeia

Passo 2: Selecione o tipo de Opção Real a modelar e valorar:
● Opção de Única Fase e Ativo:

Opção de Abandono

○ Opção Sequencial Múltipla em Fases:

2 Opções em Fase (Prova de Conceito, P&D)

Passo 3: Entre com os parâmetros da Opção Real:
Premissas Básicas da Opção:

Valor do Ativo (VP dos Benefícios líquidos):	445.625,18
Volatilidade (Risco Anualizado %):	22,33%
Maturidade (Total de Anos para a Opção Expirar):	5,00
Taxa Livre de Risco (Taxa Desconto s/risco %):	3,50%
Taxa de Dividendos (Custo de Oportunidade %):	0,00%
Passo da Árvore (entre 100 e 1000):	100

Carregar Exemplo

Entrada Manual

Opção em Etapas simples (Parâmetros):
Salvado: 250.000,00

Essa guia permite que você modele as estratégias mais comuns de opções reais. Para os modelos mais complexos de opções reais (por exemplo, mudança de entradas ao longo do tempo, entradas simuladas, opções personalizadas, opções aninhadas, etc.), por favor use o Real Options SLS software em seu lugar.

Passo 5: Calcule o valor da estratégia com Opções Reais:

Calcular   Resultado: 450.355,4407

Ver Estratégias   Sensibilidade   Tornado   Cenário

Passo 4: Salvar/Editar Modelo (Opcional):
Nome do Modelo:
Project 1 Abandonment Option

Renomear   Editar(E)
Apagar   Salvar

Modelo
Project 1 Abandonment Option
Project 3 Expansion Option
Project 8 Two Phased Investment

Americana::Opção de Abandono

Valor do Ativo (VP dos Benefícios líquidos)   401.063   490.188

Salvado   225.000   275.000

Volatilidade (Risco Anualizado %)   20%   25%

Maturidade (Total de Anos para a Opção Expirar)   5   6

Taxa Livre de Risco (Taxa Desconto s/risco %)   4%   3%

400.000   420.000   440.000   460.000   480.000   500.000

Figura 6.4 - Classificação de Opções: Análise do Tornado nas Opções

Arquivo Editar Projetos Relatório Ferramentas Idioma Decimais Ajuda

Bem-vindo à Ferramenta de Análise Econômica de Projetos (PEAT) da empresa ROV. Este módulo ajudará você a configurar uma série de projetos ou Opções de Investimento de Capital, modelar seus Fluxos de Caixa, Simular Riscos e executar Análises Avançadas; realizar previsão e modelagem de previsão; e otimizar sua carteira de investimentos sujeita a restrições orçamentárias e outras.

Fluxo de Caixa | Análise Aplicada | Simulação de Risco | Análise de Estratégias | Valoração/Opções Reais | Previsão | Otimização de Portfólio | Painel | Central de Instruções

Essa guia permite que você modele as estratégias mais comuns de opções reais. Para os modelos mais complexos de opções reais (por exemplo, mudança de entradas ao longo do tempo, entradas simuladas, opções personalizadas complexas, opções aninhadas, etc.), por favor use o Real Options SLS software em seu lugar.

Passo 1: Selecione o tipo de opção desejada:
(•) Americana   ( ) Bermuda   ( ) Europeia

Passo 2: Selecione o tipo de Opção Real a modelar e valorar:
( ) Opção de Única Fase e Ativo:
   Opção de Abandono
(•) Opção Sequencial Múltipla em Fases:
   2 Opções em Fase (Prova de Conceito, R&D)

Passo 3: Entre com os parâmetros da Opção Real: [Carregar Exemplo]

Premissas Básicas da Opção:
Valor do Ativo (VP dos Benefícios líquidos): 445.625,18   [Entrada Manual]
Volatilidade (Risco Anualizado %): 22,33%   [Entrada Manual]

Taxa Livre de Risco (Taxa Desconto s/risco %): 3,50%
Taxa de Dividendos (Custo de Oportunidade %): 0,00%
Passo da Árvore (entre 100 e 1000): 100

Opções com Múltiplas Fases (parâmetros):
Maturidade da fase 1: ___   Custo de Implementação da Fase 1: ___
Maturidade da fase 2: ___   Custo de Implementação da Fase 2: ___

Passo 4: Salvar/Editar Modelo (Opcional):
Nome do Modelo: Project 1 Abandonment Option
[Renomear] [Apagar] [Editar] [Salvar]

Modelo:
Project 1 Abandonment Option
Project 3 Expansion Option
Project 8 Two Phased Investment

Passo 5: Calcule o valor de estratégia com Opções Reais:
[Calcular]   Resultado: 450.355,4407

Ver Estratégias | Sensibilidade | Tornado | Cenário

Variável Coluna (Transversal): Asset Value (Present Value of Net Benefits)
De: 222.812,5   Para: 891.250,3   Salto: 111.406,3

Variáveis Linha (Abaixo): Maturity (Total Years to Option Expiration)
De: 2,50   Para: 10,00   Salto: 0,50

Decimais: 2   [Atualizar Cenários]   [Copiar Grade]

	222.812,59	334.218,89	445.625,19	557.031,49	668.437,79	779.844,09	891.250,36
2,50	262.037,73	341.696,57	446.951,04	557.272,10	668.482,08	779.852,82	891.252,16
3,00	263.435,86	343.281,97	447.613,90	557.480,91	668.545,85	779.871,60	891.257,77
3,50	264.642,69	344.697,81	448.267,50	557.748,78	668.640,41	779.905,75	891.269,45
4,00	265.701,98	345.939,55	448.993,81	558.034,46	668.758,24	779.957,40	891.290,58
4,50	266.638,67	347.057,34	449.638,57	558.395,32	668.924,21	780.022,04	891.323,95
5,00	267.472,82	348.159,88	450.355,45	558.721,92	669.100,64	780.118,00	891.368,62
5,50	268.221,10	349.190,06	451.034,30	559.134,35	669.307,07	780.221,21	891.421,27
6,00	268.897,00	350.120,68	451.650,10	559.507,11	669.502,76	780.347,36	891.495,60
6,50	268.512,38	350.968,36	452.223,38	559.856,60	669.759,68	780.467,67	891.568,71
7,00	270.088,71	351.748,70	452.823,48	560.282,20	669.991,15	780.633,10	891.664,83
7,50	270.631,39	352.463,62	453.446,97	560.677,82	670.210,32	780.782,37	891.764,64
8,00	271.142,46	353.126,23	454.000,77	561.041,49	670.489,85	780.927,85	891.858,29
8,50	271.614,65	353.748,44	454.512,75	561.382,13	670.752,47	781.122,23	891.986,94
9,00	272.050,18	354.324,77	454.990,42	561.731,10	670.994,75	781.300,26	892.110,57

Tabela 6.5 - Classificação de Opções: Análise de Cenário nas Opções

Ferramenta de software SLS Opções Reais

A guia Valoração de Opções do PEAT é uma versão simplificada da análise de opções no sentido de que as opções reais estratégicas mais comuns foram incorporadas ao software, e tudo o que você precisa fazer é selecionar a opção que deseja classificar, digitar as suposições necessárias e calcular. A análise também é apoiada pela *Análise do Tornado, Análise de Sensibilidade* e *Análise de Cenários.*

No entanto, para ter opções mais avançadas ou personalizadas, convidamos você a usar outra ferramenta de software ROV chamada *Real Options Super Lattice Solver (SLS),*como mostrado na Figura 6.6, que permite criar modelos analíticos mais avançados (Figura 6.7).

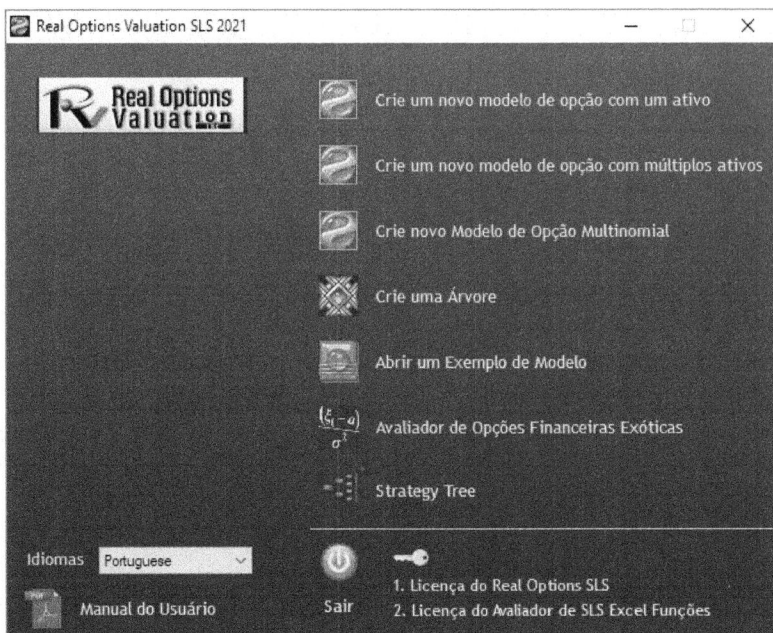

Figura 6.6 – Software Opções Reais Super Lattice Solver (SLS)

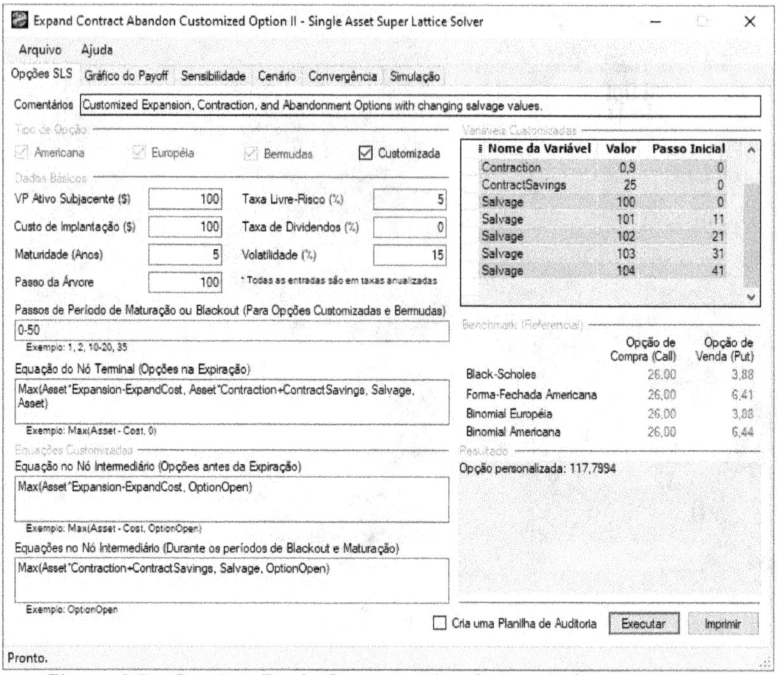

Expand Contract Abandon Customized Option II - Single Asset Super Lattice Solver   — ☐ ✕

Arquivo   Ajuda

Opções SLS Gráfico do Payoff Sensibilidade Cenário Convergência Simulação

Comentários | Customized Expansion, Contraction, and Abandonment Options with changing salvage values.

Tipo de Opção

☑ Americana   ☑ Européia   ☑ Bermudas   ☑ Customizada

Dados Básicos

VP Ativo Subjacente ($)	100	Taxa Livre-Risco (%)	5
Custo de Implantação ($)	100	Taxa de Dividendos (%)	0
Maturidade (Anos)	5	Volatilidade (%)	15
Passo da Árvore	100	* Todas as entradas são em taxas anualizadas	

Passos de Período de Maturação ou Blackout (Para Opções Customizadas e Bermudas)

0-50

Exemplo: 1, 2, 10-20, 35

Equação do Nó Terminal (Opções na Expiração)

Max(Asset*Expansion-ExpandCost, Asset*Contraction+ContractSavings, Salvage, Asset)

Exemplo: Max(Asset - Cost, 0)

Equações Customizadas

Equação no Nó Intermediário (Opções antes da Expiração)

Max(Asset*Expansion-ExpandCost, OptionOpen)

Exemplo: Max(Asset - Cost, OptionOpen)

Equações no Nó Intermediário (Durante os períodos de Blackout e Maturação)

Max(Asset*Contraction+ContractSavings, Salvage, OptionOpen)

Exemplo: OptionOpen

Variáveis Customizadas

i Nome da Variável	Valor	Passo Inicial
Contraction	0,9	0
ContractSavings	25	0
Salvage	100	0
Salvage	101	11
Salvage	102	21
Salvage	103	31
Salvage	104	41

Benchmark (Referencial)

	Opção de Compra (Call)	Opção de Venda (Put)
Black-Scholes	26,00	3,88
Forma-Fechada Americana	26,00	6,41
Binomial Européia	26,00	3,88
Binomial Americana	26,00	6,44

Resultado

Opção personalizada: 117,7994

☐ Cria uma Planilha de Auditoria   [Executar]   [Imprimir]

Pronto.

Figura 6.7 – Opções Reais Super Lattice Solver Software (SLS):
Amostra de uma opção personalizada

7

PREVISÃO PROGNÓSTICO

Esta seção *Previsão (ver Figuras* 7.1, 7.2 e 7.3) inclui um módulo sofisticado sobre Análise de Negócios e Estatísticas de Negócios com mais de 250 funções. Comece inserindo os dados [*Etapa 1*] (copiar e colar do Excel ou outra fonte de dados compatível com ODCB, digitar manualmente os dados ou clicar no botão *Opções* | *Carregar Exemplos* para carregar um conjunto de dados de amostra inteiro com modelos pré-salvos). Em seguida, escolha a análise que você vai realizar na *Etapa 2* e, usando a lista de variáveis fornecidas, digite as variáveis desejadas para modelar de acordo com a análise escolhida (se você clicasse anteriormente em *Opções* | *Exemplo* de carga, você pode clicar duas vezes para usar e executar os modelos salvos na *Etapa 4* para ver como as variáveis são inseridas na *Etapa 2*, e usá-lo como exemplo para sua análise). Clique em EXECUTAR na *Etapa* 3 quando estiver pronto para obter os *Resultados*, *Gráficos* e *Estatísticas* da análise. Você também pode *salvar* seu modelo na *Etapa 4* dando-lhe um nome para recuperação futura.

Abaixo estão algumas etapas rápidas de inicialização para executar o módulo Forecast e detalhes sobre cada item do software. Sugerimos se referir Terceira Edição ao livro modelagem do Dr. Johnathan Mun, *Third Edition*, que tem capítulos dedicados para explicar e explorar algumas das metodologias estatísticas mais críticas disponíveis neste módulo. Sinta-se livre para explorar o poder desta guia *Previsão* e no botão *Opções(O)* | *Carregar Exemplos*.

Você também pode assistir ao *Vídeo 08 (Central de Instruções* | *Vídeos*) para que você possa começar rapidamente a usar o módulo e também pode revisar o Manual do Usuário (menu: *Ajuda(H)|Manual do Usuário*) para obter mais detalhes sobre os 250 métodos analíticos. Todos os 250 modelos estão no ROV BizStats, enquanto os modelos de previsão selecionados estão no software PEAT atual.

Previsão | Prognóstico

- Vá para a guia *Previsão* e clique no botão *Opções|Carregar exemplo* para carregar os dados da amostra e modelar o perfil ou inserir seus dados ou Copiar/Colar de outros softwares, como Excel ou arquivo Word/texto, para a grade de dados na *Etapa 1* (Figura 7.1). Você pode adicionar suas próprias notas ou nomes de variáveis na primeira linha de *Notas.*

- Selecione o modelo para execução na *Etapa 2* e usando as configurações de entrada de dados da amostra, insira as variáveis necessárias. Separe as variáveis para o mesmo parâmetro usando ponto e vírgula (;) e use uma nova linha (pressione *Enter* para criar uma linha) para os diferentes parâmetros.

- Clique em *Executar* para calcular os resultados. Você pode ver na janela esquerda inferior *Resultados*, *Gráficos* ou *Estatísticas* analíticas dos diferentes modelos definidos na *Etapa 2.*

- Se necessário, você pode fornecer um nome de modelo para salvá-lo no perfil *Etapa 4*. Vários modelos podem ser salvos no mesmo perfil. Os modelos existentes podem ser editados ou excluídos e reorganizados por ordem de aparência, e todas as alterações podem ser salvas.

- Se você usar seus próprios dados e criar seus próprios modelos, você pode salvar esses modelos no *Etapa 4*.

- Se você estiver jogando com os dados/modelos da amostra e precisar recuperar seus dados e modelos salvos, clique em *Opções|Recuperar meu Modelo.*

- Salvar seus dados e vários modelos no *Etapa 4* resultará em salvar como parte do *perfil *rovprojecon*. Além disso, se você clicar em *Opções Salvar/Abrir Perfil,* você pode salvar os dados e modelos como um arquivo **.bizstats* separado, que pode ser aberto em software diferente, como por exemplo *Risk Simulator* | ROV *BizStats*.

- O botão *Opção(O)* | *Configurar Grade de Dados* permite definir o tamanho da grade. A matriz pode acomodar até 1.000 colunas de variáveis com 1 milhão de linhas de dados por variável. Os menus *Idioma (Language)* e *Decimais(D)* também permitem que você altere as configurações de idioma e decimais para seus dados.

- Para começar, é sempre uma boa ideia carregar o arquivo de exemplo que vem completo com certos dados e modelos previamente criados. Você pode clicar duas vezes em qualquer um desses modelos (janela inferior direita) para executá-los, e os resultados aparecem na área de relatório, às vezes como um gráfico outras como estatísticas. Usando este arquivo de exemplo, agora você pode ver como os parâmetros de entrada são inseridos com base na descrição do modelo, para que você possa proceder para criar seus próprios modelos personalizados.

- Clique nos cabeçalhos de variável (VAR) para selecionar uma ou mais variáveis de cada vez e, em seguida, clique com o botão direito do mouse para adicionar, excluir, copiar, colar ou exibir as variáveis selecionadas.

- Os modelos também podem ser inseridos usando um console Comandos *(Figura 7.3)*. Para ver como isso funciona, clique duas vezes para executar um modelo e vá para o console de Comando. Você pode replicar o modelo ou criar o seu próprio e clicar no botão *Executar* para executar os comandos. Cada linha no console representa um modelo e seus parâmetros relevantes.

- Para selecionar a coluna completa ou variável(s) clique no cabeçalho(s) da coluna de grade de dados. Uma vez selecionado, você pode clicar com o botão direito do cabeçalho para a coluna *Ajuste Automático* ou *Recortar, Copiar, Excluir* ou *Colar* dados. Você também pode clicar *Shift+* ou *Crtl+* para selecionar vários cabeçalhos de coluna, para selecionar várias variáveis e, após, clicar com o botão direito do mouse para *selecionar* Exibir para gráfico dos dados.

- Se a célula tiver um grande valor que não esteja totalmente exibido clique e passe o mouse sobre aquela célula e lá você verá um comentário *pop-up* que mostrará o valor total ou simplesmente redimensionará a coluna variável *(arraste a coluna para ampliá-la, clique duas vezes na borda da coluna para Auto Ajuste ou clique com o botão direito do cabeçalho da coluna e selecione Auto Ajuste)*.

- Use os cursores ou setas que indicam para cima, para baixo, para a esquerda e para a direita para se mover em torno da grade, ou use as teclas *Home* e *End* no teclado para mover-se para a extrema esquerda ou extrema direita de uma linha. Você também pode usar uma combinação de teclas como *Ctrl+Start* para saltar para a célula superior esquerda, *Ctrl+End para* saltar para a célula inferior direita, *Shift+PgUp/PgDown* para selecionar uma área específica, e assim por diante.

- Você pode inserir notas curtas para cada variável na linha *Notas*.

- Experimente vários ícones gráficos na guia *Exibir* para alterar a aparência e o estilo deles (por exemplo, girar, alterar, ampliar, alterar cores, adicionar legenda etc.).

- O botão *Copiar* é usado para copiar os guias *Resultados, Gráficos* e *Estatísticas* na *Etapa 3* depois de executar um modelo. Se os modelos não forem executados, a função Copiará apenas uma página em branco.

- O botão *Relatório* só será executado se houver modelos salvos na *Etapa 4 ou* se houver dados na grade, caso contrário, o relatório gerado estará vazio. Você também precisará instalar o Microsoft Excel para executar relatórios de extração e resultados de dados e ter o Microsoft PowerPoint disponível para executar relatórios de gráficos.

- Caso você tenha dúvidas sobre como executar um modelo específico ou um método estatístico, inicie o *Opções| Carregar Exemplo* e revisar as configurações de dados na *Etapa 1* ou como os parâmetros são inseridos na *Etapa 2*. Você pode usar estes guias e modelos de início para seus próprios dados e modelos.

- Clique no botão *Opções(O)|Carregar Exemplo* para carregar um conjunto de modelos pré-salvos e amostras de dados.

Em seguida, clique duas vezes em um dos *Modelos Salvos* na *Etapa 4.* Você pode visualizar o modelo salvo selecionado e as variáveis de entrada usadas na *Etapa 2.* Os resultados serão calculados e aparecerão na área de resultados da *Etapa 3,* e você poderá visualizar os *Resultados, Gráficos* ou *Estatísticas,* dependendo da disponibilidade com base no modelo escolhido e executado.

- O botão *Opção(O) | Configurar Grade de Dados* permite alterar o número de linhas ou colunas na grade de dados na *Etapa 1.*

- Clique no botão *Relatório* somente se necessário, pois essa função executará todos os modelos salvos na *Etapa 4* e extrairá os resultados para Microsoft *Excel, Word* e *PowerPoint.* Dizemos para fazer isso apenas se você precisar, porque se você tiver muitos modelos salvos, você vai rodar todos os modelos e todo o processo pode levar alguns minutos para terminar.

- Se necessário, você pode salvar o modelo depois de configurá-lo (entrada de dados, seleção de modelos e configurações de parâmetro de entrada na *Etapa 2) depois* de atribuir-lhe um *nome* na *Etapa 4* e clicar em *Salvar.* Mais tarde, *Editar* você pode editar ou excluir modelos salvos.

- Você pode copiar os dados de outros softwares, como o Microsoft Excel, e colá-los na grade de dados na *Etapa 1.* Basta copiar os dados, clicar onde deseja colar os dados, clicar com o botão direito do mouse e selecionar *Colar.*

- Se seus dados contiverem grandes valores (p.ex., 10.000.000,00) clique com o botão direito do mouse em qualquer lugar da grade de dados e selecione *Auto Ajuste de Todas as Colunas.*

- Você pode selecionar uma variável na grade de dados clicando no(s) cabeçalho(s). Por exemplo, você pode clicar em *VAR1* e selecionará a variável na íntegra.

- Quando uma variável for selecionada, clique no botão *Exibir* ou clique com o botão direito do mouse e selecione *Exibir,* e os dados da série temporal serão exibidos em gráfico.

- Dependendo da execução do modelo, em certas ocasiões os resultados mostrariam um gráfico *Resultados* (p.ex., uma previsão de processo estocástico foi criada e os resultados são apresentados tanto no subguia de *Resultados* quanto no subguia *Gráfico)*.

- A subguia *Gráfico* tem vários ícones gráficos que você pode usar para alterar a aparência do gráfico (p.ex., modificar o tipo de gráfico, as cores da linha do gráfico, a visualização do gráfico etc.).

- Você também pode executar rapidamente vários modelos usando comandos diretos (p.ex., usando o *Console de Comandos)*.

- Para novos usuários, recomendamos configurar os modelos usando a interface do usuário, da *Etapa 1* até a *Etapa 4.*

- Para começar a usar o console, você deve criar os modelos de que precisa e, em seguida, clique no *subguia,* copiar/editar/duplicar a sintaxe de comando (p.ex., você pode replicar um modelo várias vezes e alterar alguns de seus parâmetros de entrada muito rapidamente usando a abordagem de comando) e, uma vez pronto, clique no botão *Executar Comando.*

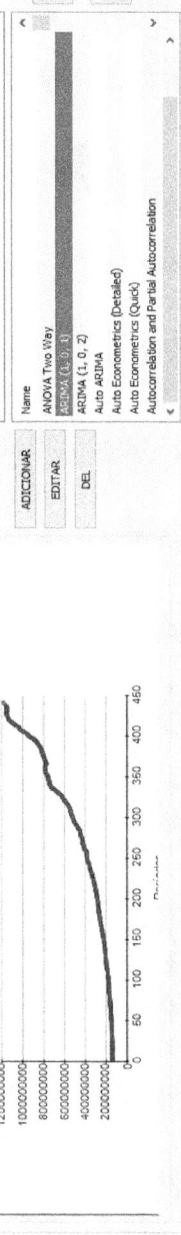

[E:\IIPER\PEAT-FCD.rovprojecon] - ROV PROJECT ECONOMICS ANALYSIS TOOL

Arquivo Editar Projetos Relatório Ferramentas Idioma Decimais Ajuda

Bem-vindo à Ferramenta de Análise Econômica de Projetos (PEAT) da empresa ROV. Este módulo ajudará você a configurar uma série de projetos ou Opções de Investimento de Capital, modelar seus Fluxos de Caixa, Simular Riscos e executar Análises Avançadas; realizar previsão e modelagem de previsão e otimizar sua carteira de investimentos sujeita a restrições orçamentárias e outras.

Fluxo de Caixa   Análise Aplicada   Simulação de Risco   Análise de Estratégias   Valoração   Opções Reais   Previsão   Otimização de Portfólio   Painel   Central de Instruções

ETAPA 1: Dados   Insira manualmente os dados, cole-os de outro aplicativo ou carregue um conjunto de dados de exemplo com análise

ETAPA 2: Análise   Escolha uma análise e insira os parâmetros obrigatórios (consulte as entradas de parâmetro de exemplo, abaixo)

Conjunto de dados   Visualizar   Comando

N	VAR1	VAR2	VAR3	VAR4	VAR5	VAR6	VAR7	V...
	M1	M2	M3	Sales	Y	X1	X2	X3
NOTES								
1	138899994	286700012	289000000	684200000	521000000	1830800000	185000000	4041
2	139399994	287799988	290100000	584100000	367000000	1148000000	600000000	055C
3	139699997	289100006	291299988	765400000	443000000	1806800000	372000000	366E
4	139699997	290100006	292299988	892300000	365000000	772900000	142000000	2351
5	140699997	292299988	294500000	885400000	614000000	1004840000	432000000	297E
6	141199997	293899994	296100006	677000000	385000000	1672800000	290000000	3294
7	141699997	295299988	297399994	1006600000	286000000	1463000000	346000000	3287

Analysis
Análise de série temporal (suavização exponencial simples)
Análise Discriminante (Quadrático)
Análise Descriminante (Linear)
Análise do componente principal
Análise Fatorial (PCA com Rotação Varimax)
ARIMA
Assimetria e Curtose: Shapiro-Wilk e D'Agostino-Pearson
Auto correlação - Teste Durbin-Watson AR (1)
AutoARIMA
Autocorrelação e autocorrelação parcial
Autoeconometria (detalhada)
Autoeconometria (rápida)
Autovalores e Autovetores
Cadeia de Markov
Causalidade de Granger
Confiabilidade da Consistência Interna: Alfa de Cronbach (Dados Dicotômicos ou Ca...
Confiabilidade de Consistência Interna: Guttman's Lambda e Modelo Split Half

Dados históricos: AR(P):1(0),
MA(Q), Iterações (opcional:100),
Periodos de previsão (opcional:5),
Revisão (opcional:0), Usar variável
exógena (opcional:0), Variáveis
exógenas (opcional:0):
> VAR 1
> 1
> 0
> 1
> 5
> 100
> Var 1
> Var 2

ETAPA 3: Executar

Executar   Executa a análise atual na Etapa 2 ou a análise salva selecionada na Etapa 4, exibe os resultados, os gráficos e as estatísticas, copia os resultados e os gráficos para a área de transferência ou gera relatórios

○ Usar todos os dados
○ Usar linhas 1 a 20

ETAPA 4: Salvar (opcional)   Você pode salvar várias análises e notas no perfil para consultar posteriormente

Nome: ARIMA (1, 0, 1)

Notas:

ADICIONAR
EDITAR
DEL

| Name |
| ANOVA Two Way |
| ARIMA (1, 0, 0) |
| ARIMA (1, 0, 2) |
| Auto ARIMA |
| Auto Econometrics (Detailed) |
| Auto Econometrics (Quick) |
| Autocorrelation and Partial Autocorrelation |

Opções   Visualizar   Copiar   Relatório

Resultados   Gráficos   Estatísticas

Real vs. Previsão

Gráfico 7.1 - Previsão: Visão geral do Módulo Previsão

[E:\IIPER\PEAT-FCD.rovprojecon] - ROV PROJECT ECONOMICS ANALYSIS TOOL

Arquivo   Editar   Projetos   Relatório   Ferramentas   Idioma   Decimais   Ajuda

Bem-vindo à Ferramenta de Análise Econômica de Projetos (PEAT) da empresa ROV. Este módulo ajudará você à configurar uma série de projetos ou Opções de Investimento de Capital, modelar seus Fluxos de Caixa, Simular Riscos e executar Análises Avançadas; realizar previsão; e modelagem de previsão; e otimizar sua carteira de investimentos sujeita a restrições orçamentárias e outras.

Fluxo de Caixa   Análise Aplicada   Simulação de Risco   Análise de Estratégias   Valoração/Opções Reais   Previsão   Otimização de Portfólio   Painel   Central de Instruções

ETAPA 1: Dados   Insira manualmente os dados, cole-os de outro aplicativo ou carregue um conjunto de dados de exemplo com análise   Escolha uma análise e insira os parâmetros obrigatórios (consulte as entradas de parâmetro de exemplo, abaixo))

Conjunto de dados   Visualizar   Comando   Opções   Visualizar

N	VAR1	VAR2	VAR3	VAR4	VAR5	VAR6	VAR7	VA
3	139699997	289100006	291299988	765400000	443000000	1806800000	372000000	366
4	139699997	290100006	292299988	892300000	365000000	7729000000	142000000	2351
5	140699997	292299988	294500000	885400000	614000000	100484000000	432000000	297
6	141199997	293899994	296100006	677000000	385000000	16728000000	290000000	329
7	141699997	295299988	297399994	1006600000	286000000	14630000000	346000000	328
8	141899994	296399994	298500000	1122100000	397000000	4008000000	328000000	066
9	141000000	296500000	298500000	1163400000	764000000	38927000000	354000000	129
10	140500000	296600006	993200006	427000000	266000000	22322000000	647
11	140300000	297300012	1312500000	1320000000	3711000000	3200000000	1106

ETAPA 3: Executar

Executar   Executa a análise atual na Etapa 2 ou a análise salva selecionada na Etapa 4, exibe os resultados, os gráficos e as estatísticas, copia os resultados e os gráficos para a área de transferência ou gera relatório

⦿ Usar todos os dados
○ Usar linhas   1   ~   20

Resultados   Gráficos   Estatísticas

Analysis

Paramétrica: Variância diferente independente de duas variáveis (T)
Paramétrica: Variância igual independente de duas variáveis (T)
Paramétrica: Variâncias de duas variáveis (F)
Paramétrica: Curva de Potência para Teste T
Precisão da Previsão: Akaike, Bayes, Schwarz, MAD, MSE, RMSE
Precisão da Previsão: Diebold-Mariano (Previsões de Competição Dupla)
Precisão da Previsão: Pesar an Timmermann (Previsão Direcional Única)
Previsão de lógica difusa combinatória
Processo estocástico (difusão com salto)
Processo estocástico (movimento browniano exponencial)
Processo estocástico (movimento browniano geométrico)
Processo estocástico (reversão à média e difusão com salto)
Processo estocástico (reversão à média)
Quebra estrutural
Rede neural (Cosseno com tangente hiperbólica)
Rede neural (Linear)
Rede neural (Logística)

Valor inicial , Taxa de crescimento,
Volatilidade, Horizonte, Etapas,
Propagação aleatória, Iterações:
> 100
> 0.05
> 0.25
> 10
> 100
> 123456
> 10

ETAPA 4: Salvar (opcional)   Você pode salvar várias análises e notas no perfil para consultar posteriormente

Nome: Stochastic Process - Geometric Brownian Motion

Notas:

ADICIONAR
EDITAR
DEL

Name
Stepwise Regression (Forward-Backward)
Stochastic Process - Exp Brownian Motion
Stochastic Process - Geometric Brownian Motion
Stochastic Process - Jump Diffusion
Stochastic Process - Mean Reversion
Stochastic Process - Mean Reverting Jump Diffusion
Structural Break

Copiar
Relatório

Movimento browniano geométrico

600
500
400
300
200
100
0
-20   0   20   40   60   80   100   120

< >

Figura 7.2 - Previsão: Visualização de Dados e Tabelas de Resultados

[E:\IIPER\PEAT-FCD.rovprojecon] - ROV PROJECT ECONOMICS ANALYSIS TOOL

Arquivo(F) Editar(E) Projetos(P) Relatorio(R) Ferramentas(T) Idioma(Language) Decimais(D) Ajuda(H)

Welcome to the ROV Project Economics Analysis Tool (PEAT). This module will help you set up a series of projects or Capital Investment Options, model their Cash Flows, Simulate Risks, and run Advanced Analytics; perform Forecasting and Prediction Modeling; and Optimize your Investment Portfolio subject to Budgetary and other Constraints.

Fluxo de Caixa Análise Aplicada Simulação de Risco Análise de Estratégias Valoração/Opções Reais Previsão Otimização de Portfólio Painel Central de Instruções

ETAPA 1: Dados Insira manualmente os dados, cole-os de outro aplicativo ou carregue um conjunto de dados de exemplo para análise

Opções(O) Executar comando

ETAPA 2: Análise Escolha uma análise e insira os parâmetros obrigatórios (consulte as entradas de parâmetro de exemplo, abaixo))

Conjunto de dados Visualizar Comando

1 ANOVAVáriostratamentosdeblocosaleatórios (VAR60: VAR61: VAR62: VAR63)
2 ARIMA (VAR1 # 1.000000 # 0.000000 # 1.000000)
3 RegressãodeCox (VAR93 # VAR94 # VAR95: VAR96: VAR97)
4 Splinecúbico (VAR11 # VAR12 # 3.000000 # 8.000000 # 1.000000)
5

Regressão stepwise (futuro-passado)
Regressão stepwise (passado)
Retornos de LN relativos
Retornos relativos
Sazonalidade
Soma
Spline cúbico
Tabelas de Sobrevivência e Risco (Kaplan Meier)
Teste de Bonferroni (duas variáveis com repetição)
Teste de Bonferroni (Variável Simples com Repetição)
Teste de Box para a homogeneidade de covariância
Teste de Contingração (Engle-Granger)
Teste de Endogeneidade com Dois Mínimos Quadrados (Durbin-Wu-Hausman)
Teste de Grubbs para Outliers
Teste de heterocedasticidade (Breusch-Pagan-Godfrey)
Teste de heterocedasticidade (multiplicador de Lagrange)
Teste de heterocedasticidade (Wald-Glejser)
Teste de homogeneidade das variâncias Bartlett
Teste de Homogeneidade do Coeficiente de Variação

Xs conhecidos, Ys conhecidos, Período inicial, Período final, Tamanho do incremento:
> VarX   VAR11
> VarY   VAR12
> 3   3
> 8   8
> 1   1

ETAPA 3: Executar Executa a análise atual na Etapa 2 ou a análise salva selecionada na Etapa 4, exibe os resultados, os gráficos e as estatísticas, copia os resultados e os gráficos para a área de transferência ou gera relatórios

Executar

◉ Usar todos os dados
○ Usar linhas   1 ~ 20

Copiar
Relatório

Resultados Gráficos Estatísticas

Spline cúbico

49000
48000
47000
46000
45000
44000
43000
42000
41000
-5000000 0 5000000000000000000000000000005000000

ETAPA 4: Salvar (opcional) Você pode salvar várias análises e notas no perfil para consultar posteriormente

Name: Cubic Spline

Notas:

ADICIONAR
EDITAR
DEL

Name
Control Chart X
Control Chart NMR
Correlation Linear and Nonlinear
Count
Covariance
Cox Regression
Cubic Spline

Tabela 7.3 - Previsão: Console de Comandos

8

OTIMIZAÇÃO DO PORTFÓLIO

Na seção *Otimização de Portfólio,* projetos individuais podem ser modelados como um portfólio e otimizados para determinar a melhor combinação de projetos para o portfólio. Na economia global competitiva de hoje, as empresas enfrentam muitas decisões difíceis. Essas decisões incluem a alocação de recursos financeiros, construção ou expansão de instalações, gerenciamento de estoques e determinação de estratégias no portfólio de produtos. Tais decisões podem envolver milhares ou milhões de alternativas possíveis. Levá-los em conta e avaliar cada um deles seria impraticável e até impossível. Um modelo pode fornecer suporte valioso incorporando variáveis relevantes para analisar decisões e encontrar as melhores soluções de tomada de decisão. Os modelos capturam as características mais importantes de um problema e as apresentam de forma fácil de interpretar. Os modelos muitas vezes fornecem perspectivas que a intuição não faz por si só. Um modelo de otimização tem três elementos principais: variáveis de decisão, restrições e um objetivo. Em suma, a metodologia de otimização encontra a melhor combinação ou permutação das variáveis de decisão (p.ex., quais produtos vender e quais projetos executar) de todas as formas imagináveis de tal forma que o objetivo seja maximizado (p.ex., receita e lucro líquido) ou minimizado (por exemplo, riscos e custos) enquanto as restrições (p.ex., orçamento e recursos) ainda são atendidas.

Nota importante: As configurações de otimização não podem ser definidas e as otimizações não podem ser executadas sem antes executar uma simulação de risco. Certifique-se de primeiro executar um modelo de simulação de risco antes de tentar configurar um modelo de otimização.

Os projetos podem ser modelados como um portfólio e otimizados para determinar a melhor combinação de projetos para o portfólio na guia *Configurações de Otimização* (Figura 8.1 mostra configurações de otimização no exemplo padrão do modelo FCD após executar a *seleção* Simular Todas as Opções de Uma Vez na seção Simulação de Risco). Selecione o tipo de variável de decisão *Binária Discreta* (escolha quais Projetos executar com decisões binárias Seguir/Parar; 1/0) ou *Alocação Orçamentária Contínua* (retorna um % do orçamento para atribuir a cada Projeto na medida em que a carteira total for 100%); selecione o *Objetivo* (p.ex., Max VPL, Min Risco etc.); configure quaisquer *Restrições* (p. ex., orçamento ou número de restrições de projeto, ou crie suas próprias restrições personalizadas); selecione os Projetos para otimizar/atribuir/escolher (a seleção padrão é todos os Projetos); e, uma vez concluída, clique em *Executar da Otimização* . Posteriormente, o software o levará aos *Resultados da Otimização* (Figura 8.1).

Há também alguns recursos avançados adicionais nessa guia de configurações. Por exemplo, o botão *Comparar Modelos* permite selecionar e executar vários modelos de otimização salvos para comparar os resultados. Isso é útil caso você queira comparar os resultados entre si, múltiplas otimizações com objetivos diferentes. Os *Objetivos* e as *Restrições Personalizadas* permitem que você crie suas próprias variáveis e as especifiquem.

A *Enumeração* será executada se houver menos de uma dúzia de variáveis de decisão e se forem selecionadas decisões discretas de Seguir/Parar, onde todas as combinações e permutações possíveis serão testadas, o que levará a execução um pouco mais tempo do que o habitual, mas no final garantirá um resultado geral ideal. O botão *Configurações Avançadas* permite definir a precisão da solução, o número máximo de iterações, o tempo de execução, a otimização de fases, bem como iniciar variáveis de decisão sequenciais ao construir a borda eficiente.

Finalmente, você pode usar os resultados previamente salvos para executar a otimização ou carga e usar os resultados mais recentes com base na simulação que você acabou de executar ou abortar manualmente as entradas.

Variáveis de Decisão

As variáveis de decisão são valores sobre as quais você tem controle, por exemplo, a quantidade de um produto que você produz, o número de dólares que você aloca entre diferentes investimentos ou quais projetos selecionar a partir de um conjunto limitado. Como exemplo, a análise de otimização do portfólio inclui a decisão de Seguir/Parar em projetos específicos. Além disso, a alocação de um valor monetário ou percentuais orçamentários em vários projetos também pode ser estruturada como variáveis de decisão.

Restrições

As restrições descrevem as relações entre variáveis de decisão que restringem os valores das variáveis de decisão. Por exemplo, uma restrição poderia garantir que a quantidade total de dinheiro alocado entre vários investimentos não pode exceder um valor especificado ou, no máximo, um projeto em um determinado grupo pode ser selecionado; restrições orçamentárias; restrições de tempo; rendimentos mínimos; ou níveis de tolerância ao risco.

Objetivo

As metas são uma representação matemática do resultado desejado do modelo, como maximizar a utilidade ou minimizar custos, em termos de variáveis de decisão. Por exemplo, na análise financeira, o objetivo pode ser maximizar os retornos, minimizando os riscos (maximizando o Indicador *Sharpe* ou a relação Risco-Retorno).

Otimização de Portfólio | Resultados de Otimização

A guia *Resultados de Otimização* retorna os resultados da análise de otimização do portfólio. Por exemplo, a Figura 8.2 mostra os resultados após a execução do Modelo Salvo de *Otimização Fronteiras Eficiente – Orçamento*. Os principais resultados aparecem na grade de dados (canto inferior esquerdo), mostrando o resultado da função Objetivo, Restrições finais e atribuição, seleção ou otimização em todos os Projetos individuais dentro deste portfólio otimizado. O canto superior esquerdo da tela mostra os detalhes textuais dos algoritmos de otimização aplicados, e o gráfico ilustra a função final do alvo (o gráfico só mostrará um único ponto para otimizações regulares, considerando que ele retornará uma curva de fronteira eficiente de investimento, se as configurações opcionais de *Fronteira Eficiente* forem definidas [*min*, *max*, tamanho de *passo*] na guia *Configurações de Otimização*).

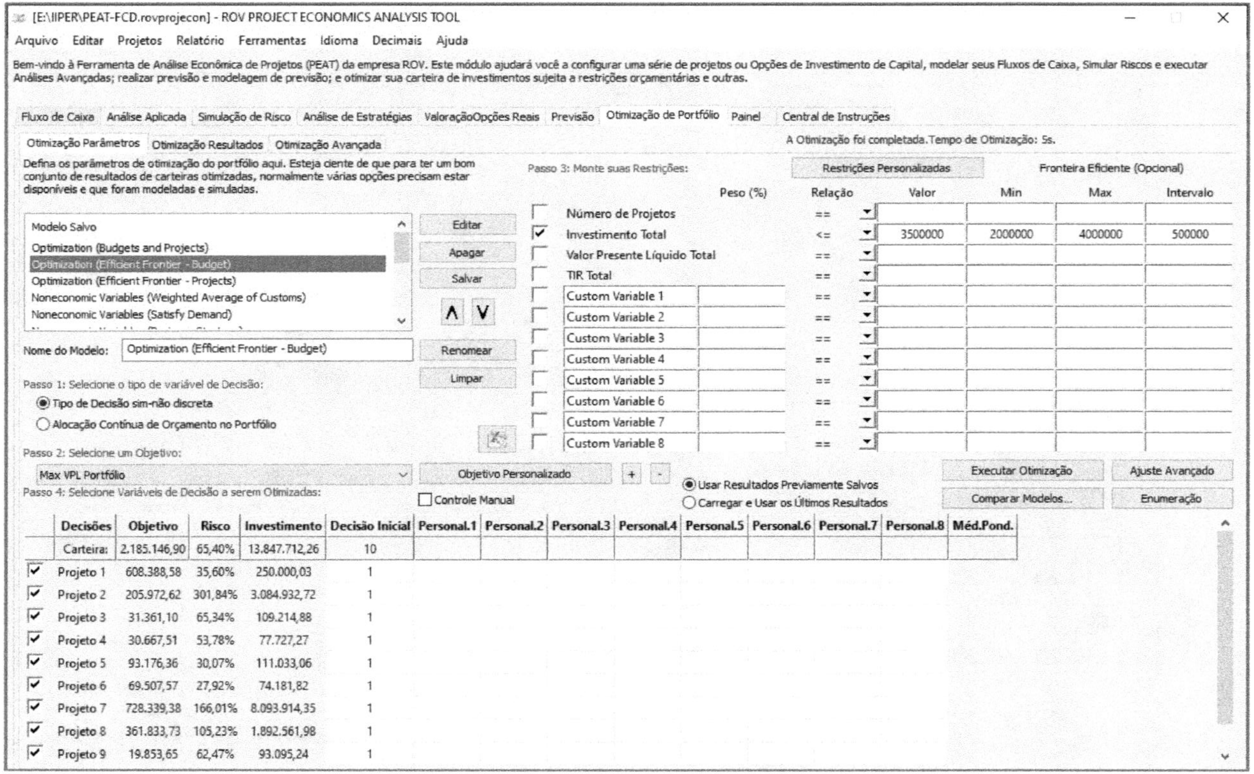

Figura 8.1 - Otimização do Portfólio: Configurações da Otimização

[E:\IIPER\PEAT-FCD.rovprojeconj] - ROV PROJECT ECONOMICS ANALYSIS TOOL

Arquivo   Editar   Projetos   Relatório   Ferramentas   Idioma   Decimais   Ajuda

Bem-vindo à Ferramenta de Análise Econômica de Projetos (PEAT) da empresa ROV. Este módulo ajudará você a configurar uma série de projetos ou Opções de Investimento de Capital, modelar seus Fluxos de Caixa, Simular Riscos e executar Análises Avançadas; realizar previsão e modelagem de previsão; e otimizar sua carteira de investimentos sujeita a restrições orçamentárias e outras.

Fluxo de Caixa   Análise Aplicada   Simulação de Risco   Análise de Estratégias   Valoração/Opções Reais   Previsão   Otimização de Portfólio   Painel   Central de Instruções

Otimização Parâmetros   Otimização Resultados   Otimização Avançada

```
Risk Optimizer Report: Date Mon Nov 09 18:44:20 2020 Runtime: 3.9 seconds

Problem Title:    PEAT Portfolio Optimization

Problem Parameters:

Number of variables    10
Number of functions    2
Objective function will be MAXimized

                 Starting values

Functions:
No.  Function         Status   Type   Initial        Lower          Upper
     Name                             Value          Bound          Bound
1    G                        RNGE   1.97882e+006   -1.79769e+308
2    G                        OBJ    2.20435e+006                  2e+006
```

Chart Type: Standard 2D Line

☐ Mostrar Valores no Gráfico

A Otimização foi completada. Tempo de Otimização: 5s.

Função Objetiva	2.204.350	3.499.733	4.122.878	4.735.931	4.772.100
Variável Fronteira	2.000.000	2.500.000	3.000.000	3.500.000	4.000.000
Restrição Otimizada	1.978.818	2.452.000	2.969.091	3.475.133	3.623.737
Option1	0	1	1	1	1
Option2	0	1	1	1	1
Option3	1	0	0	0	1
Option4	1	1	1	1	1
Option5	1	1	0	1	1
Option6	0	0	0	0	1
Option7	0	0	1	1	1
Option8	1	1	0	0	0
Option9	0	0	0	0	0
Option10	0	1	1	1	1

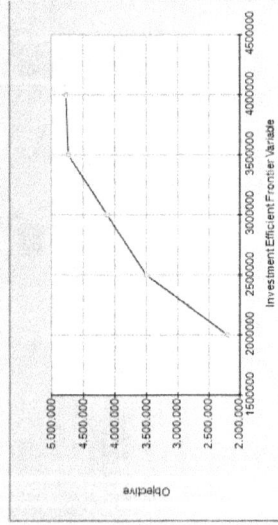

Objective / Investment Efficient Frontier Variable

Figura 8.2 - Otimização do Portfólio: Resultados da Otimização

Na guia *Otimização Personalizada Avançada* (ver Figuras 8.3-8.7, respectivamente), você pode criar e resolver seus próprios modelos de Otimização. Você deve ter uma compreensão da modelagem de otimização para configurar seus próprios modelos, mas você pode clicar em *Carregar Exemplos* e selecionar um modelo de amostra para executá-lo. Você pode usar esses modelos de exemplo para aprender a definir rotinas de otimização. Você pode clicar no *Executar* uma vez terminado para executar as rotinas de otimização e algoritmos. Os resultados e tabelas calculados serão apresentados após a conclusão.

Ao configurar seu próprio modelo de otimização, recomendamos ir de uma guia para outra, começando pelo Método (otimização estática, dinâmica ou estocástica); configurar Variáveis de Decisão, Restrições e Estatísticas (aplicável apenas se as entradas de simulação tiverem sido configuradas primeiro e se as otimizações dinâmicas ou estocásticas foram executadas); e configurar a função Objetivo.

Método: Otimização Estática

Com relação ao processo de otimização, na guia *Otimização de Portfólio | Otimização Avançada* o módulo do PEAT pode ser usado para executar uma *Otimização Estática*, ou seja, uma otimização que funciona em um modelo determinístico e onde as simulações não são executadas. Em outras palavras, todas as entradas do modelo são estáticas e imutáveis. Esse tipo de otimização é aplicável quando o modelo é considerado conhecido e não tem incertezas.

Da mesma forma, a *Otimização Estática* pode ser executada primeiro para determinar o portfólio ideal e o rateio ideal correspondente das variáveis de decisão, antes de aplicar procedimentos de otimização mais avançados. Por exemplo, antes de executar um problema de otimização estocástica, uma otimização estática é executada pela primeira vez para determinar se há soluções para o problema de otimização antes de realizar uma varredura mais demorada.

117

Método: Otimização Dinâmica

A *Otimização Dinâmica* é aplicada quando a simulação de Monte Carlo é usada em conjunto com a otimização. Outro nome para este procedimento é *Simulação - Otimização*. Ou seja, uma simulação é primeiramente executada, então as estatísticas dos resultados são aplicadas novamente dentro do modelo, e ciclo de otimização é aplicado. Em outras palavras, a simulação é executada por um *número* N de cenários e, em seguida, um processo de otimização é executado para M iterações até que os resultados ideais sejam obtidos, ou até que um conjunto inviável seja encontrado[1]. Ou seja, através do módulo de otimização PEAT, você pode escolher qual previsão ou estatísticas de cenário usar e substituí-las no modelo após a execução da simulação. Posteriormente, essas estatísticas de previsão são aplicadas no processo de otimização. Essa abordagem é útil quando você tem um modelo grande com muitas suposições e previsões interagindo, e quando algumas estatísticas de previsão são necessárias na otimização. Por exemplo, se o desvio padrão de um cenário ou previsão for necessário no modelo de otimização (p.ex., calcular o indicador *Sharpe* em problemas de alocação e otimização de ativos, onde temos a média dividida pelo Desvio Padrão da carteira), então essa abordagem ou aproximação deve ser usada.

Método: Otimização Estocástica

O processo de *Otimização Estocástica* é semelhante ao procedimento de Otimização Dinâmica, com exceção de que todo esse processo de otimização dinâmica é repetido T de vezes. Ou seja, uma simulação com número N de cenários é executada, e então uma otimização com o número M de iterações é executada para obter os resultados. O processo é, então, replicado por T de vezes. Os resultados serão apresentados como um gráfico de histograma para cada variável de decisão com T valores.

Em outras palavras, uma simulação é executada e as estatísticas de previsão ou suposição são usadas no modelo de otimização para encontrar a alocação ideal das variáveis de decisão. Posteriormente, outra simulação é executada, gerando diferentes estatísticas de previsão, e esses novos valores atualizados são então otimizados, e assim por diante. Portanto, cada uma das variáveis de decisão final

---

[1] NT: Método Gradiente Descendente

terá cada um seu próprio gráfico de previsão, indicando o intervalo das variáveis de decisão ideais.

Por exemplo, em vez de obter estimativas de ponto único (determinístico) no procedimento de otimização dinâmica, agora você obtém uma distribuição das variáveis de decisão e, portanto, uma gama de valores ideais para cada variável de decisão, também conhecida como *Otimização Estocástica*.

DICAS sobre os Métodos de Otimização

* Você deve sempre executar uma *Otimização Estática* antes de executar qualquer um dos métodos mais avançados, a fim de testar se a configuração do seu modelo está correta.

* *Otimização Dinâmica* e *Otimização Estocástica* devem primeiro ter suposições de simulação definidas. Ou seja, ambas as abordagens devem executar a Simulação de Risco Monte Carlo antes de iniciar rotinas de otimização.

Variáveis de Decisão

As variáveis de decisão são valores sobre os quais você tem controle, por exemplo: a quantidade de um produto para fabricar, o número de dólares que são alocados entre diferentes investimentos ou quais projetos devem ser selecionados a partir de um conjunto limitado. Como exemplo, a análise de otimização do portfólio inclui uma decisão específica de aprovação ou falha do projeto. Além disso, a alocação em dólares ou como porcentagem do orçamento em vários projetos também pode ser estruturada como variáveis de decisão.

DICAS sobre Otimização das Variáveis de Decisão

* Clique em *Adicionar* para adicionar uma nova Variável de Decisão. Você também pode *Alterar, Excluir* ou *Duplicar* uma variável de decisão existente.

* As *Variáveis de Decisão* podem ser definidas como *Contínua* (com limites inferiores e superiores), *Inteira* (com limites inferiores e superiores), *Binária* (0 ou 1) ou uma *Faixa Discreta*.

* A lista de variáveis disponíveis aparece na grade de dados, completa com suas suposições.

119

As restrições descrevem as relações entre variáveis de decisão que restringem os valores variáveis de decisão. Por exemplo, uma restrição poderia garantir que a quantidade total de dinheiro alocado entre vários investimentos não pode exceder um valor específico, ou no máximo um projeto de um determinado grupo pode ser selecionado. Outros exemplos de restrições incluem orçamento, cronograma, retornos mínimos ou níveis de tolerância ao risco.

DICAS sobre Restrições de Otimização

- Clique em *Adicionar* para incluir uma nova *Restrição*. Você também pode *Alterar* ou *Excluir* uma restrição existente.

- Quando você adiciona uma nova restrição, uma lista de *variáveis* disponíveis aparece. Basta clicar duas vezes em uma variável desejada e sua sintaxe variável será adicionada à janela *Expressão*. Por exemplo, se você clicar duas vezes em uma variável chamada "*Return1*" isso criará uma sintaxe variável "$(Return1)$" na janela.

- Digite sua própria equação de restrição. Por exemplo, isso é uma restrição:

- $(Asset1)$+$(Asset2)$+$(Asset3)$+$(Asset4)$=1, onde a soma das quatro variáveis de decisão deve somar até 1.

- Continue adicionando quantas restrições for necessário, mas tenha em mente que quanto maior o número de restrições, maior será a otimização, e maior a probabilidade de cometer erros ou criar restrições não vinculantes ou ter restrições que violam outra restrição existente (portanto, apresentando um erro em seu modelo).

Estatística

A subguia *Estatística* será preenchido somente se as suposições de simulação forem configuradas.

DICAS sobre Estatísticas de Otimização

- A janela *Estatísticas* só será preenchida se você tiver definido previamente a disponibilidade de suposições de simulação.

- Se as suposições de simulação forem configuradas, você poderá *Executar Otimização Dinâmica* ou *Otimização Estocástica;* caso contrário, você está limitado a executar apenas *Otimizações Estáticas.*

- Na janela, você pode clicar individualmente nas estatísticas para obter a lista de disponível. Aqui você pode selecionar a Estatística que você aplicará no processo de otimização. A opção padrão selecionada é *a Média* para a Simulação de Risco Monte Carlo e substituir a variável pela estatística escolhida (neste caso o valor médio), e a otimização será executada com base nessa estatística.

Objetivo

Os Objetivos fornecem uma representação matemática do resultado desejado do modelo, como maximizar a utilidade ou minimizar custos, em termos de variáveis de decisão. Na análise financeira, por exemplo, o objetivo pode ser maximizar os retornos, minimizando os riscos (maximizando o indicador de *Sharpe* ou o risco-retorno).

DICAS sobre o Objetivo de Otimização

- Você pode inserir seu próprio Objetivo Personalizado na janela de função. A lista de variáveis disponíveis aparece na janela *Variáveis* à direita. Esta lista inclui variáveis de decisão predefinidas e premissas da simulação. Aqui está um exemplo de uma equação de uma função alvo:

  ($(*Asset1*)\$*\$(*AS_Return1*)\$+\$(*Asset2*)\$*\$(*AS_Return2*)\$+\$(*Asset3*)\$*\$(*AS_Return3*)\$+\$(*Asset4*)\$*\$(*AS_Return4*)\$)/sqrt(\$(*AS_Risk1*)\$**2+\$(*Asset1*)\$**2+\$(*AS_Risk2*)\$**2*\$(*Asset2*)\$**2+\$(*AS_Risk3*)\$**2*\$(*Asset3*)\$**2+\$(*AS_Risk4*)\$**2*\$(*Asset4*)\$**2)

- Você pode usar alguns dos caracteres matemáticos mais comuns, como +, -, *, /, **, onde estes representam a função para "elevado a potência".

Arquivo(F) Editar(E) Projeto(P) Relatorio(R) Ferramentas(T) Idioma(Language) Decimas(D) Ajuda(H)

Welcome to the ROV Project Economics Analysis Tool (PEAT). This module will help you set up a series of projects or Capital Investment Options, model their Cash Flows, Simulate Risks, and run Advanced Analytics; perform Forecasting and Prediction Modeling; and Optimize your Investment Portfolio subject to Budgetary and other Constraints.

Fluxo de Caixa   Análise Aplicada   Simulação de Risco   Análise de Estratégias   Valoração/Opções Reais   Previsão   Otimização de Portfólio   Painel   Central de Instruções

Otimização Parâmetros   Otimização Resultados   Otimização Avançada

Otimização é utilizada para disponibilizar recursos onde o resultado final indica um menor retorno ou um menor custo / risco. Usual em gestão de inventário, alocação ótima de portfólio, mix de produtos, seleção de projetos, etc.

Optimization

Método   Variável de Decisão   Restrições   Estatísticas   Objective

◉ Otimização Estática

Executar no modo estático sem simulações. Usualmente execute para determinar o portfólio ótimo inicial antes de serem aplicadas otimizações mais avançadas.

○ Otimização Dinâmica

Um simulação inicial é realizada, os resultados da simulação são aplicados no modelo e, então, é realizada uma otimização com os valores simulados.

Semente aleatória   123

Número de Testes (Trials) da Simulação   1000

○ Otimização Estocástica

De forma similar a otimização dinâmica mas o processo é repetido várias vezes. As variáveis de decisão terão, cada uma, seu próprio gráfico de previsão indicando sua faixa ótima.

Número de Testes de Simulação

Número de Otimizações executadas

[Carregar Exemplo]   [Gestão de Variáveis]   [Verificar]   [Executar]

Resultados Otimizados   Análises detalhadas   Gráfico

A Otimização foi completada. Tempo de Otimização: 5s.

Função Objetiva	14.971,00	14.971,00	14.971,00	14.971,00	14.971,00	15.397,00	15.408,00	15.408,00	15.408,00	15.408,00
Variável Fronteira	-0,0009	1.000,0000	2.000,00	3.000,00	4.000,00	5.000,00	6.000,00	7.000,00	8.000,00	
Restrição Otimizada	4.000,00	4.000,00	4.000,00	4.000,00	4.000,00	5.000,00	6.000,00	7.000,00	8.000,00	
Asset1	0,1	0,1	0,1	0,1	0,1	0,1505	0,186	0,217	0,248	
Asset2	0,1	0,1	0,1	0,1	0,1	0,1	0,116	0,1354	0,1547	
Asset3	0,1	0,1	0,1	0,1	0,1	0,1	0,113	0,1318	0,1507	
Asset4	0,1	0,1	0,1	0,1	0,1	0,1495	0,1849	0,2157	0,2466	

Figura 8.3 – Otimização do Portfólio: Método

[E:\IIPER\PEAT-FCD.rovprojecon] - ROV PROJECT ECONOMICS ANALYSIS TOOL

Arquivo(F) Editar(E) Projetos(P) Relatório(R) Ferramentas(T) Idioma(Language) Decimais(D) Ajuda(H)

Welcome to the ROV Project Economics Analysis Tool (PEAT). This module will help you set up a series of projects or Capital Investment Options, model their Cash Flows, Simulate Risks, and run Advanced Analytics; perform Forecasting and Prediction Modeling; and Optimize your Investment Portfolio subject to Budgetary and other Constraints.

Fluxo de Caixa   Análise Aplicada   Simulação de Risco   Análise de Estratégias   Valoração/Opções Reais   Previsão   Otimização de Portfólio   Painel   Central de Instruções

Otimização Parâmetros   Otimização Resultados   Otimização Avançada

Otimização é utilizada para disponibilizar recursos onde o resultado final indica um maior retorno ou um menor custo / risco. Usual em gestão de inventário, alocação ótima de portfólio, mix de produtos, seleção de projetos, etc.

Método   Variável de Decisão   Restrições   Estatísticas   Objective

Nome	Tipo	Regras	Valor Inicial
Asset1	Contrnução	0,100000 to 0,400000	0,250000
Asset2	Contrnução	0,100000 to 0,400000	0,250000
Asset3	Contrnução	0,100000 to 0,400000	0,250000
Asset4	Contrnução	0,100000 to 0,400000	0,250000

Adicionar   Alterar   Apagar   Duplicar

Carregar Exemplo   Gestão de Variáveis   Verificar   Executar

Optimization

Resultados Otimizados   Análises detalhadas   Gráfico

A Otimização foi completada. Tempo de Otimização: 5s.

Risk Optimizer Report: Date Tue Nov 10 09:38:18 2020 Runtime: 0.4 seconds

Problem Title: Optimization - Efficient Frontier

Problem Parameters:

Number of variables   4
Number of functions   2
Objective function will be MAXIMIZED

Starting Values

Functions:

No.	Function Name	Status	Type	Initial Value	Lower Bound	Upper Bound
1	G	****	RNGE	1		
2	G		OBJ	1,49709	-1e-010	1e-010

Variables:

No.	Variable Name	Status	Initial Value	Lower Bound	Upper Bound
1	Asset1		0,25	0,1	0,4
2	Asset2		0,25	0,1	0,4
3	Asset3		0,25	0,1	0,4
4	Asset4		0,25	0,1	0,4

Itn No.	Objective Function	Binding Constrs	Super Basics	Infeas Constr	Norm of Red.Grad	Hessian Cond.No.	Step Size	Degen Step
0	-1	0	4	1	1	1	0	0
1	0,4	0	0	1	0	1	0,15	

**** Termination criterion failed:
Feasible point not found.
INFORM = 5

Final Results

Figura 8.4 - Otimização do Portfólio: Variáveis de Decisão

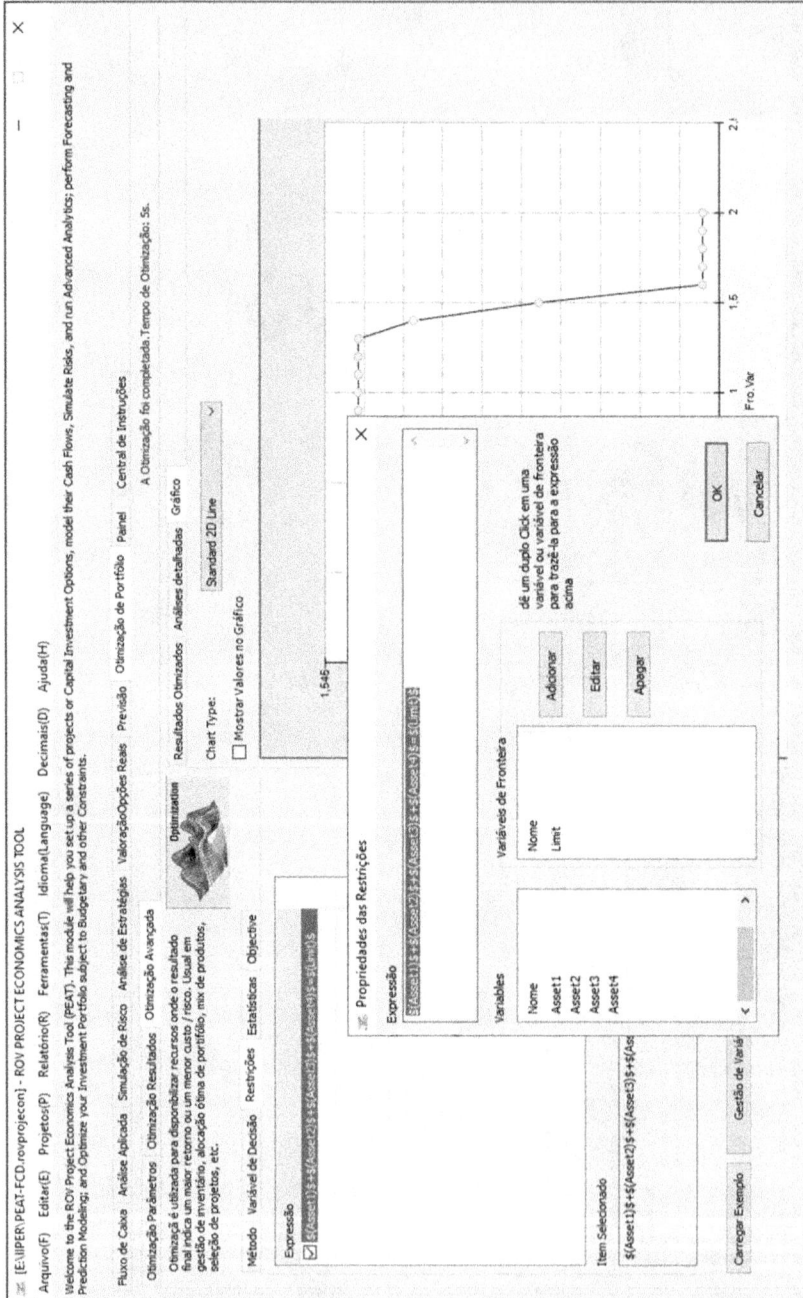

Figura 8.5 – Otimização do Portfólio: Restrições

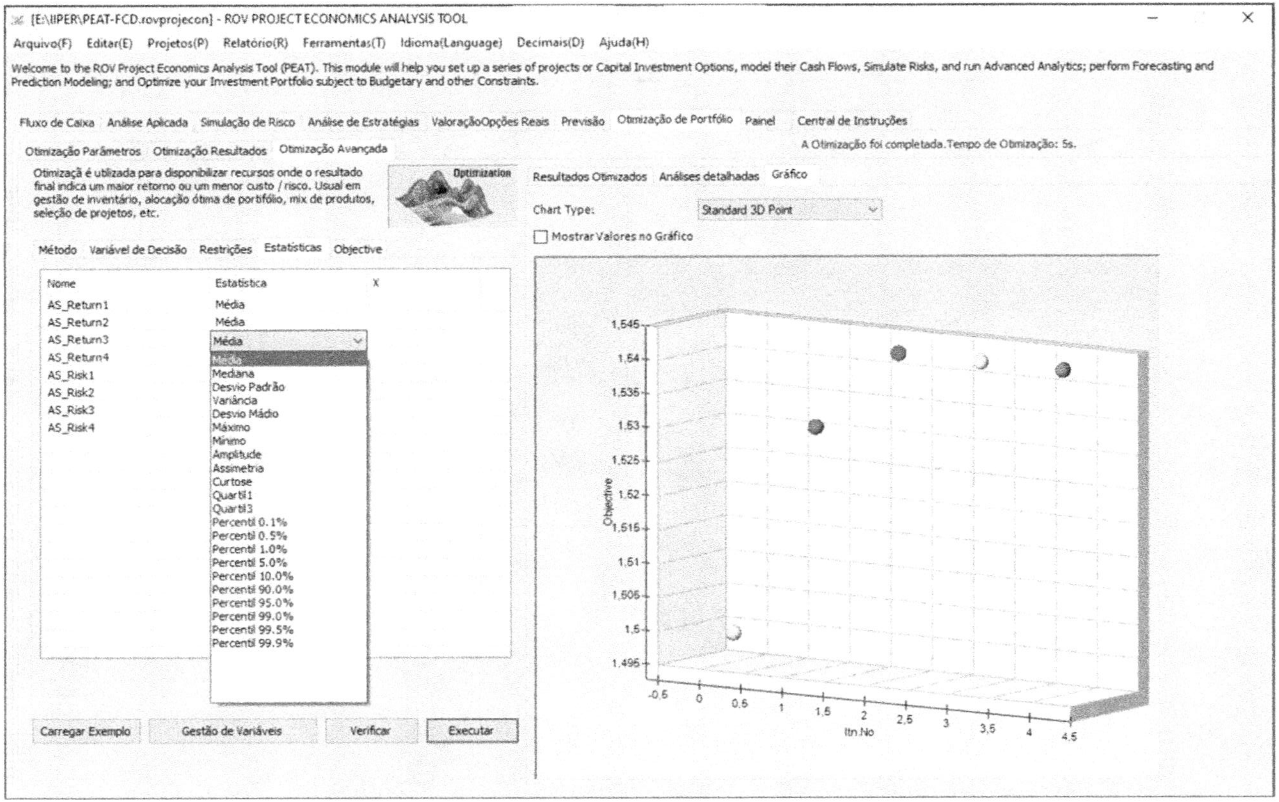

Figura 8.6 - Otimização de Portfólio: Estatísticas

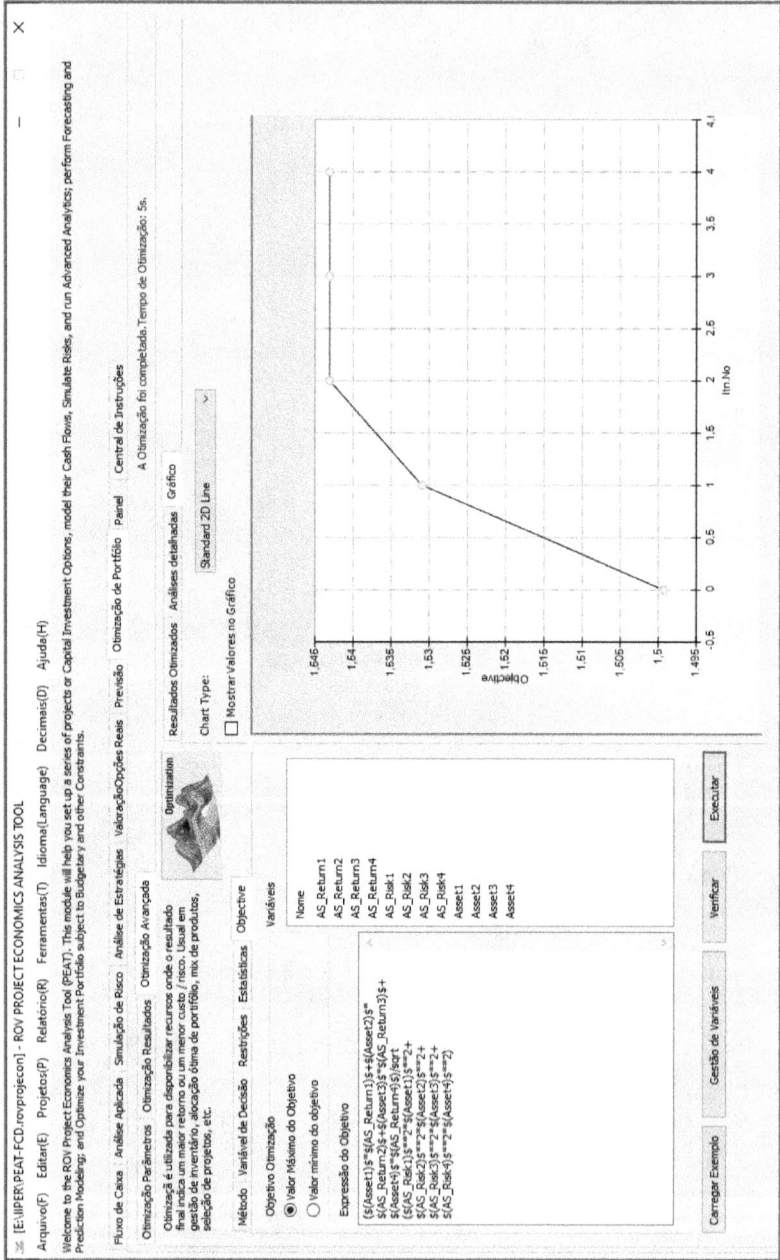

Figura 8.7 – Otimização do Portfólio: Função Objetivo

9

PAINEL, CENTRAL DE INSTRUÇÕES E OPÇÕES

Taxas de Desconto

No módulo Fluxo de Caixa Descontado, temos uma guia *Taxas de Desconto*. Esta guia permite que o usuário calcule uma taxa de desconto apropriada para uso na avaliação do projeto. Por exemplo, essa guia se desdobra em duas subguias:

- **WACC** *(Custo Médio Ponderado de Capital).* Este é um conjunto opcional de análises que permitem calcular o WACC da empresa para usar como taxa de desconto (Figura 9.1). Comece selecionando entre os métodos de cálculo *WACC Simples* ou *Modelo Detalhado do WACC*. Em seguida, você pode inserir as entradas necessárias ou clicar no botão *Carregar Exemplo* para carregar o conjunto de entradas de amostra que você pode usar como exemplo para elaborar seu próprio conjunto de suposições.

- **Beta.** Este é outro guia opcional usado para calcular o coeficiente de risco Beta, colando-o em preços históricos de ações ou rendimentos de ações para calcular o Beta (Gráfico 9.2). O Beta resultante é usado no *Financial Asset Valuation Model - CAPM*, uma das principais entradas no modelo *WACC*. Primeiro selecione se você tem *Valores das Ações* ou *Retornos das Ações,* em seguida, digite o número de *Linhas* (períodos) dos dados históricos que você tem, e *Cole* os dados nas colunas e clique no botão *Calcular*. O resultado Beta será atualizado, e você poderá usar este Beta como uma entrada no modelo WACC Detalhado (*3A. ABORDAGEM CAPM*)

No módulo Fluxo de Caixa Descontado, os cálculos *WACC* e *BETA* estão disponíveis na subguia *Taxa de Desconto* (*nível 2*), da guia *Fluxo de Caixa* (*nível 1*).

Ao decidir sobre a periodicidade e duração dos dados históricos de preços das Ações, recomendamos usar os preços diários das Ações com um período histórico proporcional ao período de análise do Projeto ou a um período representativo no passado (riscos e condições de mercado semelhantes no passado que devem ser repetidas em um futuro próximo).

Cálculos Personalizados

Uma guia *Custom (xls1)* (Figura 9.3) também está disponível para fazer seus próprios cálculos personalizados, assim como você faria em uma planilha do Excel. Ao clicar no botão da função *F(x)>>* você verá uma lista de funções de suporte que você pode usar nessa guia. Outras funções matemáticas básicas também são suportadas, tais como, =, +, -, /, *, ^.

Se você usar essa guia opcional de cálculos personalizados e quiser vincular algumas células às guias de entrada (p.ex., *Projeto 1*), você pode selecionar as células na guia *Custom*, clicar com o botão direito do *mouse* e selecionar *Link Para*. Em seguida, prossiga para o local nas subguia *Projeto 1* e selecione localização das células de entrada que deseja vincular. Clique com o botão direito do mouse e selecione *Link De*. Quaisquer alterações subsequentes que você fizer na guia *Custom* serão atualizadas nas células das suposições de entrada vinculadas.

Exemplo 1: Na guia *Custom*, digite o seguinte: *1, 2, 3,* nas células *A1, B1, C1,* respectivamente. Em seguida, na célula *D1*, digite *A1+B1+C1* e clique em qualquer outra célula e ele atualizará o valor da célula com o valor 6. Da mesma forma, digite SUM *(A1:C1)* para obter os mesmos resultados. As funções pré-definidas podem ser vistas clicando no botão *f(x)>>* (Figura 9.3).

Exemplo 2: Na guia *Custom* digite o seguinte: *1, 2, 3* nas células *A1, B1, C1,* respectivamente. Em seguida, selecione essas três células, clique com o botão direito do mouse e selecione *Link Para*.

Vá para uma das guias do *Projetos* e, nas subguia de *Fluxo de Caixa Descontadas* ou sublocação de entrada, *selecione três células através* (p.exe., no conjunto Receita), clique com o botão direito do *mouse* e selecione *Link DE*. Os valores das células *A1, B1, C1* na guia *Custom* serão vinculados a este local. Você pode voltar para a guia *Custom* e alterar os valores nas três células originais e você verá a alteração atualizada nas células vinculadas das guia *Projeto 1* de *Fluxo de Caixa*.

DICAS na guia Personalizar

- Na guia *Personalizar* você pode replicar seus modelos Excel com várias planilhas de Excel ou pastas de trabalho para que todos os cálculos preliminares vinculados ao seu projeto sejam salvos em um lugar conveniente, pronto para auditar e arquivar os modelos.

- No PEAT, clique no menu *Ajuda | Extras | [caminho C:\Program Files (x86)\Real Options Valuation\ROV PEAT\Extras]*, abra arquivo **PEAT Visual Guide 08 - Custom Tab and Excel Links.pdf** para ter acesso a um guia para essas dicas da guia *Custom*.

- Clique na guia *Custom* e clique com o botão direito do mouse para *Adicionar, Excluir, Duplicar, Renomear e Reorganizar* guias personalizadas.

- Você pode mover e redimensionar a amplitude da coluna ou clicar no *botão Grade...* para selecionar *Ajuste Automático* ou definir a amplitude específica.

- Você pode clicar no botão *f(x)>>* para obter uma lista das funções atualmente suportadas (p.ex., ABS, AVERAGE, CONCATENATE, LEFT, LEN, LN, LOG, LOG10, MAX, MIN, POWER, RIGHT, ROUND, SUM, SUMIF, SUMPROD-UCT, IF, AND, OR, +, -, /, *, ^ .).

- Você pode nomear células (selecione uma ou mais células, digite o nome que deseja na caixa *Nome* de célula no canto superior esquerdo da grade de dados e pressione *Enter*). Essas células com os nomes aparecerão mais tarde nas guias Tornado, Cenário e Simulação de Risco para fácil reconhecimento. Se mais de uma célula for selecionada, as células terão o mesmo nome seguido por um índice (por exemplo, MyName1, MyName2, MyName3 etc.).

- Deve-se notar que você pode ter várias guias *Personalizadas* e as renomear como desejar; cada guia também tem um nome interno como *xls1, xls2,* e assim por diante. Esses nomes internos são usados nos algoritmos internos do software, bem como quando as células estão entrelaçadas (vincule-as ao longo de diferentes guias de *Personalizar*, veja abaixo).

- Você pode copiar os cálculos e planilhas do Excel existentes e colá-los nas *guias Personalizar.* Basta selecionar as células ou áreas na planilha do modelo Excel que eu desejava copiar, em seguida, pressione *CTRL+C* ou clique com o botão direito do *mouse* em *Copiar* ou clique no *ícone Copiar* no Excel. Em seguida, selecione uma célula na planilha Personalizada e pressione *CTRL+V* ou clique com o botão direito do *mouse* em *Colar* na planilha *Personalizada.* Observe que essa abordagem só colará <u>Textos</u> e <u>Valores</u>. Cores, equações, funções, cálculos interativos e formatação não serão incluídas.

- Alternativamente, você pode colar um *Modelo Ativo* do *Excel* com cálculos dentro da planilha Personalizada:

    o Em seu modelo Excel, clique em *Crtl+shift +* ´ [acento agudo], para alterar a visão do Excel de valores e resultados para a visualização da Equação onde você pode ver todas as equações e funções. Uma vez que você esteja na modalidade Ver Equações, você pode copiar do Excel (*Crtl+C*) e colar (*Crtl+V*), como de costume, na planilha PEAT *Custom,* e as equações serão levadas para a guia *Custom.* As equações serão coladas na planilha Personalizada e atualizadas / calculadas como links interativos[1].

    o Observe que a planilha PEAT *Custom* agora suporta as principais funções básicas, que são suficientes para a maioria dos usuários.

    o Desmarque a caixa *Auto Cálculo* para desativar temporariamente a atualização automática antes de colar um modelo grande, mas lembre-se de ligá-la

---

[1] NT: As funções levadas (guia *Custom*) para o PEAT devem estar em inglês.

novamente mais tarde. A guia *Personalizar* colará o modelo mais rápido.

o Tenha cuidado com os locais específicos da célula onde você copia e cola. Por exemplo, se você copiar células A1:C10 no Excel, certifique-se de colá-las nos mesmos locais de células na guia *Personalizada* para preservar equações, os *links* e seus cálculos.

o Você pode *vincular links* de células entre guias (p.ex., uma guia personalizada tem células ligadas a outra guia personalizada dentro do PEAT). Para cruzar o link entre as guias, você deve usar a convenção de nomeação na guia *Personalizada*. Por exemplo, você pode equações como: *=xls2!A3* ou *=100*xls3!C35* e assim por diante. Isso é semelhante à planilha com a convenção de cruzamento de link do Excel.

o Se você copiar e colar um modelo interativo com várias planilhas de *cross-link* através do foco *CTRL* anterior, certifique-se de renomear suas planilhas do Excel primeiro como *xls1, xls2* e assim por diante. Isso renomeará automaticamente os links dentro do Excel e, portanto, quando você colar as equações interativas, a guia Personalizar com os links cruzados será mantida.

o Outra abordagem é vincular-se a um *Modelo de Excel Externo*. Isso significa que o modelo Excel é mantido separado e externo do PEAT e permanecerá externo ao PEAT. Esses arquivos externos do Excel podem então ser vinculados ao PEAT e, quando os modelos de origem do Excel forem atualizados, os valores na guia *Personalizada* também serão atualizados. Na planilha Personalizada, clique no botão *Excel* para adicionar um *link Excel* (ou para Editar/Excluir links existentes). Depois de *navegar* no arquivo Excel conforme você precisa, selecione a *planilha* Excel e o intervalo *de células* do *Excel para* vincular e *digitar* a célula iniciar na planilha Personalizada para vinculá-la. Digite um *Nome* e *Notas* como uma referência fácil no evento *multilink* (você pode vincular vários arquivos a planilhas e planilhas do Excel) dentro de uma ou mais planilhas personalizadas. Tenha cuidado com locais específicos de células onde você copia e cola. Por exemplo, se você copiar células A1:C10 no Excel, certifique-se de colá-las nos mesmos locais de células na guia Personalizar, a fim de preservar equações, links e seus cálculos.

- Os resultados e valores na guia *Custom* também podem ser usados para *Link De/Para* outra guia *Projeto* dentro do software PEAT. Por exemplo, a guia *Custom* é usada como um lugar para tomar notas onde você faz seus próprios cálculos personalizados. E alguns desses cálculos resultantes devem ser usados nas guias do *Projeto*. Você sempre pode copiar e colar valores estáticos nessas guias do *Projeto* ou criar uma vinculação dinâmica de atualizar tabela. Vários *links* podem ser feitos, onde cada um pode assumir várias células ao mesmo tempo.

  o O primeiro passo é um *Link Para*. Na planilha *Custom*, selecione a área de dados (uma ou mais células contíguas) e clique com o botão direito do mouse em *Link Para*, para gerar um link a partir desta planilha Personalizada. Observe que a borda em torno de uma área interativa de dados vinculados pisca.

  o O segundo passo é *Link De*. Na guia *Projeto,* selecione as células/local para as quais deseja vincular os dados e clique com o botão direito do mouse e selecione *Link De*. Você também pode *Remover Link* mais tarde, se necessário. Observe os destaques amarelos que indicam um link interativo. Alterar os valores na planilha Custom mudará os valores aqui.

- Várias Dicas

  o Clique com o botão direito do mouse na *Copiar Fórmula* e, em seguida, clicar com o botão direito do mouse em **Colar a Fórmula com Endereçamento de Células Relativo** versus **Absoluto**. Este é o mesmo endereço de célula de $ no Excel. Você também pode colar os dados com os Sinais Reversos (por exemplo, despesas escritas como valores por exemplo, -100 serão coladas como 100 com sinais invertidos) ou colar seus Valores Absolutos independentemente dos sinais.

- Da mesma forma, você pode selecionar células com valores básicos de entrada via clique com o botão direito do mouse e *Definir como Pressupostos de Simulação*. Essas células ficarão verdes e aparecerão na guia *Simulação de Risco | Suposições de Entrada*. Caso as células das suposições definidas nas guias *Custom* não apareçam, salve o arquivo e reabra-o para restabelecer seus *links* internos.

- Altere as cores das *células* ou as cores da fonte usando os ícones da lista de desistência de cores.

- Use as *setas para cima/para baixo/esquerda/direita* no teclado para navegar na grade de dados.

- Use *F2* ou clique *duas vezes* em uma célula para acessar o conteúdo da célula para edição.

- Clique no canto *superior esquerdo* da grade de dados para selecionar todas as células ao mesmo tempo.

- Você pode aumentar/diminuir a amplitude da coluna conforme necessário (basta arrastar a coluna para alterar sua amplitude ou usar a *Grade...* para ajustar automaticamente as colunas).

- Você pode clicar e selecionar várias linhas ou colunas ao mesmo tempo.

- Não altere a fonte do nome do arquivo do Excel ou do local da pasta se estiver executando um link interativo do Excel.

- Por padrão, links interativos de arquivos de origem do Excel são atualizados cada vez que o arquivo *.rovprojecon* é aberto (esta caixa de seleção é selecionada por padrão quando você clica no botão Excel na planilha Personalizada).

- O Excel ativo é vinculado quando é atualizado e primeiro localizará o mesmo nome do arquivo no caminho absoluto da pasta (p.ex., c:\nome da pasta\nome da subpasta\nome do arquivo.xlsx). Se o arquivo não existir, ele localizará o mesmo nome do arquivo no caminho relativo da pasta onde o arquivo *.rovprojecon* é salvo. O acima detalhado é muito útil quando você tem que enviar o arquivo de modelo, bem como o arquivo de origem do Excel por e-mail para outra pessoa, que poderia salvar os arquivos para um subdiretório/localização/caminhos diferentes. Na medida em que ambos os arquivos permanecem na mesma subpasta, os links ainda serão atualizados e funcionarão.

o   A melhor maneira de atualizar quaisquer arquivos Excel vinculados externamente é SALVANDO e reiniciando o arquivo *rovprojecon*.

o   Células digitadas manualmente (fonte preta) podem ser facilmente substituídas digitando sobre valores de células (digite sobre célula, duplo clique ou **F2** para acessar e editar célula). As células vinculadas (fonte azul) são criadas intencionalmente para evitar substituições acidentais (você não pode simplesmente digitar sobre os valores de células existentes) e você só pode substituir intencionalmente células ligadas ao Excel quando você selecionar a célula e editar seu conteúdo na barra de Fórmulas.

Arquivo(F) Editar(E) Projetos(P) Relatório(R) Ferramentas(T) Idioma(Language) Decimais(D) Ajuda(H)

Welcome to the ROV Project Economics Analysis Tool (PEAT). This module will help you set up a series of projects or Capital Investment Options, model their Cash Flows, Simulate Risks, and run Advanced Analytics; perform Forecasting and Prediction Modeling; and Optimize your Investment Portfolio subject to Budgetary and other Constraints.

Fluxo de Caixa   Análise Aplicada   Simulação de Risco   Análise de Estratégias   Valoração/Opções Reais   Previsão   Otimização de Portfólio   Painel   Central de Instruções

Custom (xls1) Projeto 1 Projeto 2 Projeto 3 Projeto 4 Projeto 5 Projeto 6 Projeto 7 Projeto 8 Projeto 9 Projeto 10 Análise Portfólio Taxas de Desconto

WACC – Beta

○ Usar WACC Simples
● Modelo Detalhado do WACC   Carregar Exemplo

$ (Dollar)   ▼

1. CUSTO DÍVIDA, r_d (1 - T)	
Período Maturidade (.)	30,00
Numero de Pagamentos por Ano (.)	2,00
Taxa Anual do Cupom (%)	9,000%
Valor Nominal do Cupom ($)	$1.000,00
Preço Corrente Cupom ($)	$904,91
Taxa Corporativa Marginal (%)	40,000%
Custo Dívida Flutuante (%)	0,000%
Custo Dívida Anualizada (r_d)	10,005%
Custo Dívida após Imposto (r_d)	6,003%
2. CUSTO AÇÕES PREFERENCIAIS, r_{ps}	
Dividendos Ações Preferenciais ($)	$8,00
Valor Nominal ($)	$100,00
Custo Estoque Flutuante (%)	2,500%
Valor líquido Preço Emissão de Preferenciais (P_{net})	$97,50
Custo Ações Preferenciais r_{ps} (%)	8,205%
3. CUSTO AÇÕES ORDINÁRIAS, r_s	
3A. ABORDAGEM CAPM	
Taxa Livre Risco r_{rf} (%)	5,000%
Retorno Mercado r_m (%)	10,500%
Beta das Ações (.)	1,20
Custo Ações Ordinárias (r_s) (%)	11,600%

3B. ABORDAGEM FLUXO DE CAIXA DESCONTADO	
○ Usar taxa de crescimento Constante	
● Usar Quociente de Distribuição e Retorno sobre Patrimônio	
Preço Ação P_0 ($)	$32,00
Pagamento Dividendo D_1 ($)	$1,82
Taxa Crescimento Constante g (%)	5,365%
Coeficiente Distribuição (%)	63,000%
Retorno sobre Patrimônio (%)	14,500%
Custo de Lançamento Ações F (%)	5,000%
Custo Ação Ordinária r_s	11,352%
3C. ABORDAGEM RENDIMENTO TÍTULOS E PRÊMIO DE RISCO JULGADO	
Prêmio de Risco sobre Rendimento de Título Julgado (%)	3,000%
Rendimento Equivalente Anualizado Título Corporativo (%)	9,000%
Custo Ação Ordinária r_s	12,000%
3D. COMPARAÇÃO ENTRE CAPM, FCD, PRÊMIO RISCO TÍTULO DÍVIDA	
CAPM (r_s)	11,600%
FCD com taxa Crescimento Constante (r_s)	11,352%
Rendimento Título Dívida mais Prêmio Risco (r_s)	12,000%
Custo Médio Ações Ordinárias (r_s)	11,651%
4. CUSTO MÉDIO PONDERADO DE CAPITAL (WACC)	
Taxa de Imposto Marginal Corporativo (%)	40,000%
Peso da Dívida (%)	30,000%
Peso das Ações Preferenciais (%)	10,000%
Peso das Ações Ordinárias (%)	60,000%
Custo Médio Ponderado de Capital WACC (%)	9,612%

Figura 9.1 – Cálculo da Taxa de Desconto WACC

Arquivo(F)   Editar(E)   Projetos(P)   Relatório(R)   Ferramentas(T)   Idioma(Language)   Decimais(D)   Ajuda(H)

Welcome to the ROV Project Economics Analysis Tool (PEAT). This module will help you set up a series of projects or Capital Investment Options, model their Cash Flows, Simulate Risks, and run Advanced Analytics; perform Forecasting and Prediction Modeling; and Optimize your Investment Portfolio subject to Budgetary and other Constraints.

Fluxo de Caixa   Análise Aplicada   Simulação de Risco   Análise de Estratégias   Valoração/Opções Reais   Previsão   Otimização de Portfólio   Painel   Central de Instruções

Custom (xls1)   Projeto 1   Projeto 2   Projeto 3   Projeto 4   Projeto 5   Projeto 6   Projeto 7   Projeto 8   Projeto 9   Projeto 10   Análise Portfólio   Taxas de Desconto

WACC   Beta

Latest values on top (reverse chronological order)

Coeficiente Beta Estimado segundo histórico da Ação

Carregar Exemplo

166   Linhas

○ Os dados abaixo são os preços das ações
○ Os dados abaixo são os retornos das ações

Calcular   Coeficiente Beta: 0,8987

Coeficiente Beta: 0,8987

N	Mercado Preços das Ações	Companhia Preços das Ações
1	1526,75	29,46
2	1531,38	29,49
3	1525,42	29,50
4	1517,21	29,56
5	1517,73	29,08
6	1525,75	28,65
7	1518,75	28,42
8	1529,03	28,67
9	1519,78	28,93
10	1476,65	28,73
11	1484,25	29,04
12	1483,95	29,16
13	1471,56	28,93
14	1471,49	28,93
15	1451,70	28,48
16	1453,55	28,44
17	1478,55	28,91
18	1472,29	28,48
19	1489,42	28,81
20	1473,99	28,73
21	1457,64	28,45

Mercado vs. Empresa

Valor

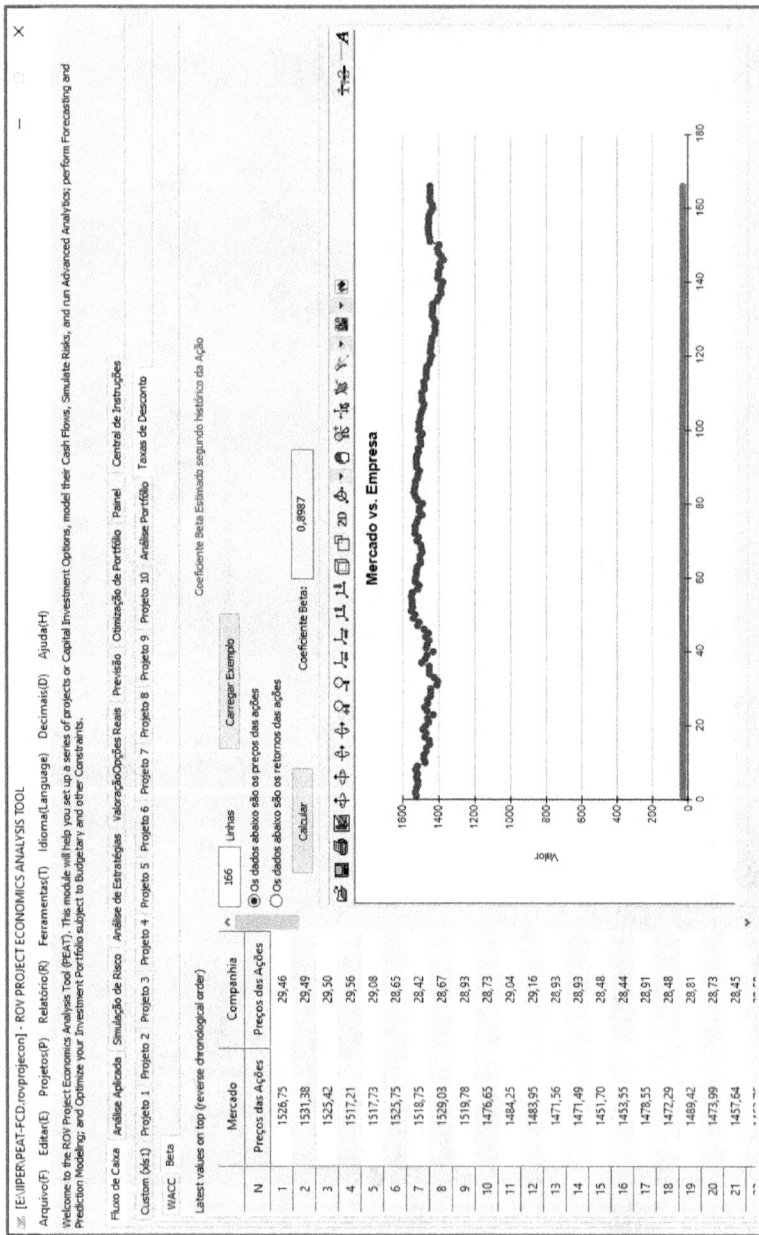

Figura 9.2 - Coeficiente Beta como Medida de Risco

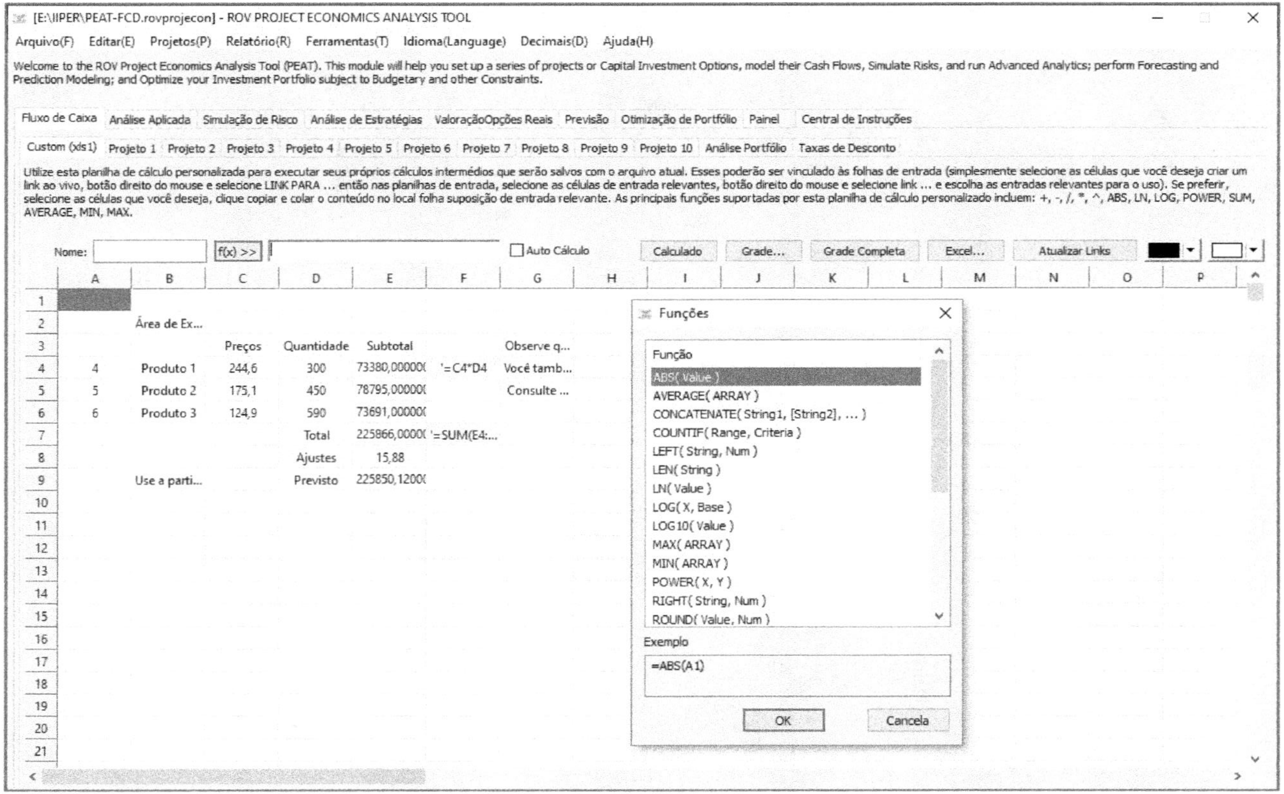

Figura 9.3 - Cálculos Personalizados

Painel / Dashboard

A seção *Painéis de Gestão* (ver Figuras 9.4 e 9.5, respectivamente) explica como os resultados do software PEAT podem ser resumidos dentro dos painéis de gerenciamento. Para continuar, suponha que você continue usando o exemplo FCD padrão e que você já executou os modelos de simulação e otimização de risco. Nesse caso, clique no menu *Painel* (Figura 9.4) e aguarde alguns segundos enquanto o software identifica e pesquisa os resultados na memória.

Em seguida, para cada um dos quatro quadrantes disponíveis, selecione entre as listas de *drop-down* o que você deseja exibir (tabelas, grades de dados, resultados de texto ou seu texto personalizado). *Lembre-se* de salvar painéis quando terminar de configurá-los. Em seguida, clique em *Exibir Painéis* para visualizá-los (Figuras 9.5 e 9.6). Ao olhar para os painéis, lembre-se de clicar na lista de drop-down para selecionar qual painel salvo você deseja visualizar. Você também pode clicar em *Capturar Tela* para copiar os quadrantes e, em seguida, colá-los em outros softwares, como Microsoft PowerPoint e Excel.

Em versões futuras do PEAT, os *Dashboards* terão configurações e ajustes adicionais disponíveis que permitem salvar e arquivar os resultados do painel.

Central de Instruções | Procedimentos Passo-a-Passo

No menu *Central de Instruções* (ver Figuras 9.7, 9.8 e 9.9), você encontrará guias de início rápidos e procedimentos de amostra que vão direto ao ponto para que você possa ficar atualizado rapidamente usando o software. Clique nos botões *Anterior* e *Próximo* para seguir navegando de um *slide* para outro ou para ver os *vídeos de iniciação.* Embora o objetivo dessas sessões seja fornecer uma visão geral rápida para ajudá-lo a começar na PEAT, elas não substituem anos de experiência ou os conhecimentos técnicos necessários dos programas de Certificação de Gerenciamento de Riscos Quantitativos (CQRM).

Os procedimentos passo-a-passo (Figura 9.7) destacam algumas etapas de iniciação rápida em um ambiente de aprendizagem autônoma que é incorporado ao software PEAT. Navegue até essa subguia dentro da Central de Instruções e clique nos botões **Prev** e

Prox para navegar de *slide* para *slide*. Em cada *slide* há algumas descrições curtas, e os principais elementos do *slide* são destacados em amarelo para identificação rápida.

Central de Instruções | Lições Básicas sobre Economia de Projetos

As *Lições Básicas sobre Avaliação Econômica de Projetos* (Figura 9.8) fornecem uma visão geral de alguns conceitos comuns envolvidos com análise de fluxo de caixa e análise econômica de projetos como VPL, TIR, TIRM, RI, RSI, PP, cálculos de DPP, entre outros.

Central de Instruções | Vídeo de Iniciação

Clique em qualquer um dos *Vídeos de Iniciação (Figura 9.9)* para obter uma breve descrição e exemplos práticos sobre como executar uma das seções dentro deste software PEAT. Este primeiro vídeo de início rápido é pré-instalado com o software, enquanto os outros vídeos devem ser baixados após a primeira exibição. Certifique-se de ter uma boa conexão com a Internet para assistir a esses vídeos online.

DICAS sobre o Central de Instruções

- Arquivos do *Central de Instruções* (vídeos, *slides* e gráficos) estão disponíveis nas três subguias: *Lições*, *Vídeos* e *Procedimentos*. Você pode acessar diretamente arquivos brutos ou modificar/atualizar esses arquivos, e os arquivos atualizados aparecerão nas ferramentas de software no menu *Central de Instruções* na próxima vez que reiniciar o software.

- Use arquivos existentes (por exemplo, tipo de arquivo como *.BMP ou *.WMV, bem como o tamanho do pixel dos gráficos) como um guia para as especificações de arquivo relevantes que você pode usar ao substituir qualquer um desses arquivos originais da *Central de Instruções*.

- Se você quiser editar o texto apresentado na *Central de Instruções,* você pode editar os arquivos *.XML em todas as três subpastas, e da próxima vez que você iniciar o software, o texto atualizado aparece.

- O formato arquivo *.*WMV* (Windows Media Video) é preferível, pois computadores baseados no Windows podem executar o vídeo sem ter que ter instalações adicionais Codec de vídeo. Este formato de arquivo é pequeno em tamanho e, portanto, é mais portátil quando implantado na ferramenta de instalação de software incorporada PEAT, de modo que você ainda pode enviar a instalação incorporada sem ter que carregá-lo em um site FTP. Este formato de arquivo não tem limitações de tamanho mínimo ou máximo.

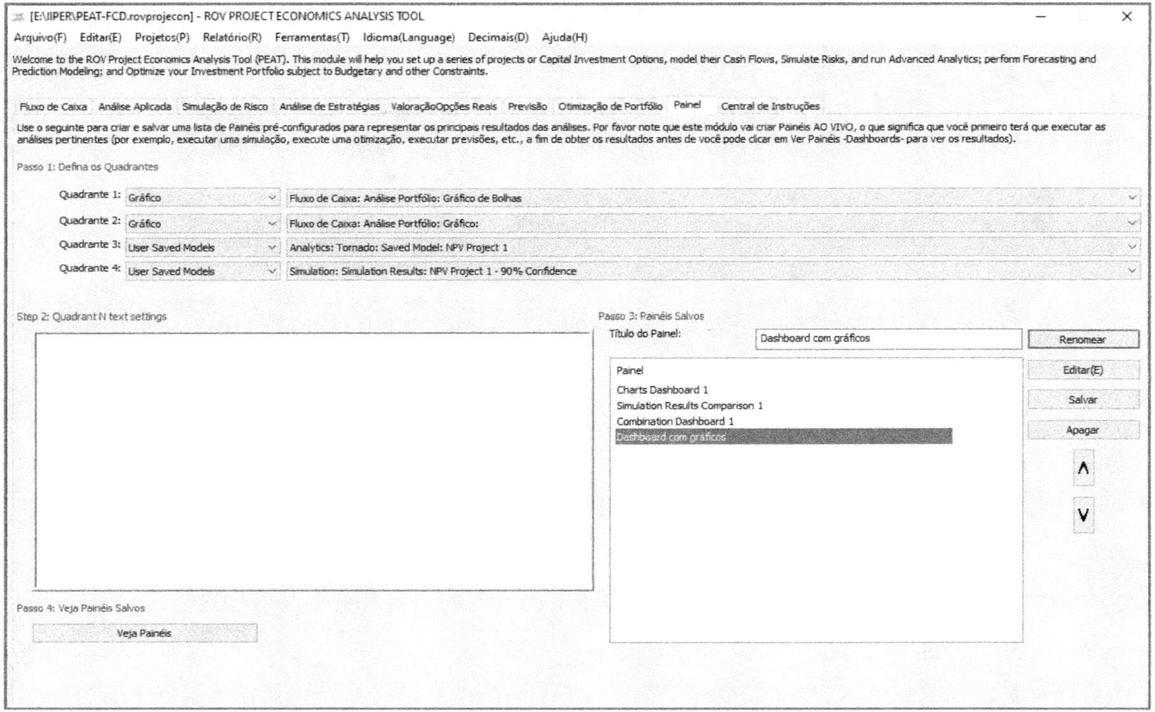

[E:\IPER\PEAT-FCD.rovprojecon] - ROV PROJECT ECONOMICS ANALYSIS TOOL — □ ×

Arquivo(F) Editar(E) Projetos(P) Relatório(R) Ferramentas(T) Idioma(Language) Decimais(D) Ajuda(H)

Welcome to the ROV Project Economics Analysis Tool (PEAT). This module will help you set up a series of projects or Capital Investment Options, model their Cash Flows, Simulate Risks, and run Advanced Analytics; perform Forecasting and Prediction Modeling; and Optimize your Investment Portfolio subject to Budgetary and other Constraints.

Fluxo de Caixa   Análise Aplicada   Simulação de Risco   Análise de Estratégias   Valoração/Opções Reais   Previsão   Otimização de Portfólio   Painel   Central de Instruções

Use o seguinte para criar e salvar uma lista de Painéis pré-configurados para representar os principais resultados das análises. Por favor note que este módulo vai criar Painéis AO VIVO, o que significa que você primeiro terá que executar as análises pertinentes (por exemplo, executar uma simulação, executar uma otimização, executar previsões, etc., a fim de obter os resultados antes de você poder clicar em Ver Painéis -Dashboards- para ver os resultados).

Passo 1: Defina os Quadrantes

Quadrante 1: Gráfico   ⌄   Fluxo de Caixa: Análise Portfólio: Gráfico de Bolhas   ⌄

Quadrante 2: Gráfico   ⌄   Fluxo de Caixa: Análise Portfólio: Gráfico: ⌄

Quadrante 3: User Saved Models   ⌄   Analytics: Tornado: Saved Model: NPV Project 1   ⌄

Quadrante 4: User Saved Models   ⌄   Simulation: Simulation Results: NPV Project 1 - 90% Confidence ⌄

Step 2: Quadrant N text settings

Passo 3: Painéis Salvos

Título do Painel: Dashboard com gráficos   Renomear

Panel   Editar(E)
Charts Dashboard 1
Simulation Results Comparison 1   Salvar
Combination Dashboard 1
Dashboard com gráficos   Apagar

                                                              ⟨   ⟩

Passo 4: Veja Painéis Salvos

Veja Painéis

Figura 9.4 - Configurações dos Painéis

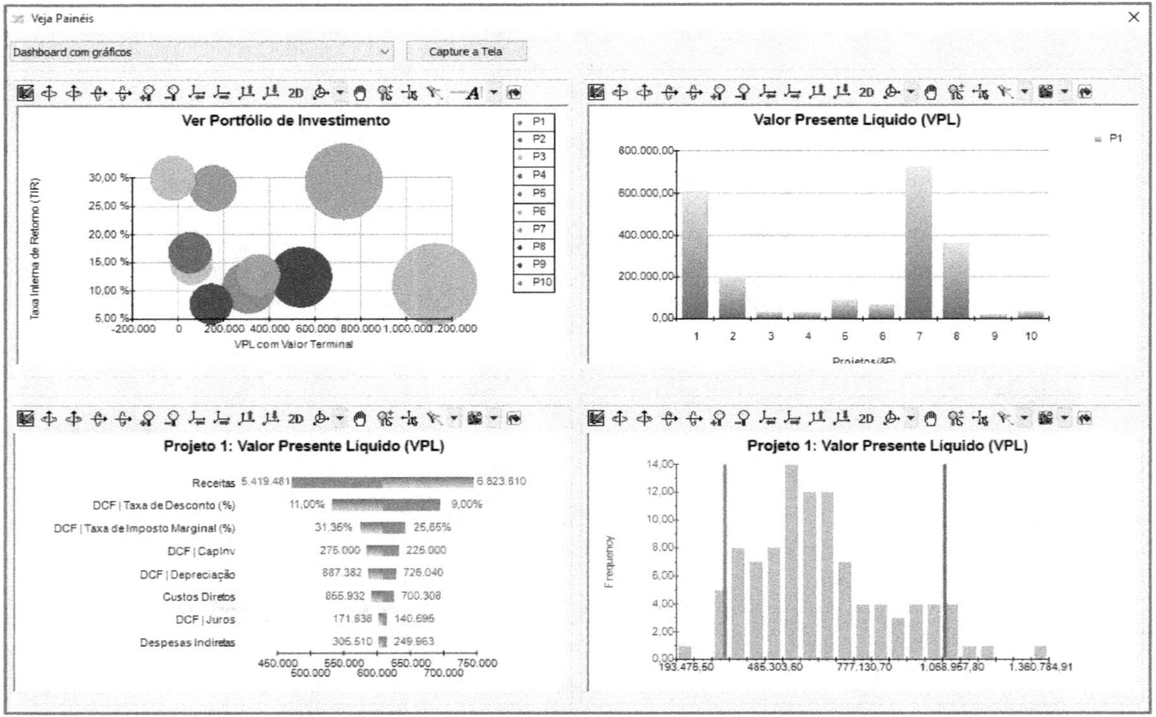

Figura 9.5 – Painel (1)

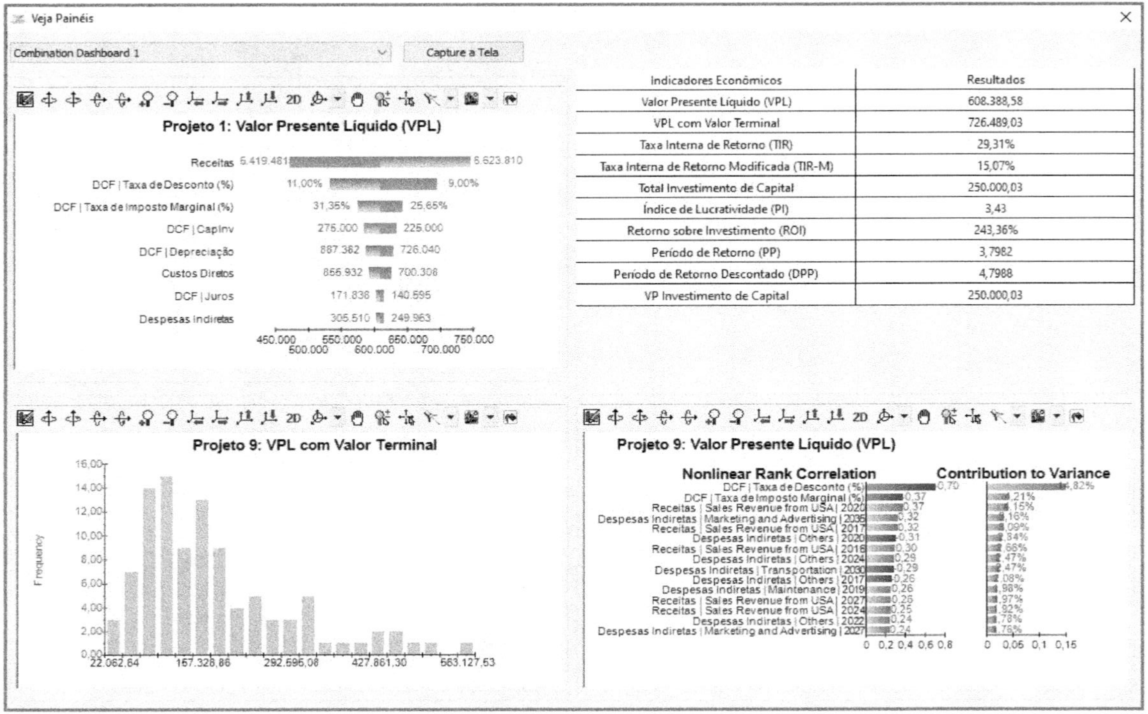

Projeto 1: Valor Presente Líquido (VPL)

Receitas	6.419.481 — 6.623.810
DCF | Taxa de Imposto Marginal (%)	11,00% — 9,00%
DCF | Taxa de Desconto (%)	31,35% — 25,65%
DCF | CapInv	276.000 — 225.000
DCF | Depreciação	887.362 — 726.040
Custos Diretos	866.932 — 700.306
DCF | Juros	171.836 — 140.695
Despesas Indiretas	305.510 — 249.963

460.000 500.000 550.000 600.000 650.000 700.000 750.000

Projeto 9: VPL com Valor Terminal

Frequency

16,00
14,00
12,00
10,00
8,00
6,00
4,00
2,00
0,00

22.062,64   167.328,86   292.595,08   427.861,30   663.127,53

Indicadores Econômicos

Indicadores Econômicos	Resultados
Valor Presente Líquido (VPL)	608.388,58
VPL com Valor Terminal	726.489,03
Taxa Interna de Retorno (TIR)	29,31%
Taxa Interna de Retorno Modificada (TIR-M)	15,07%
Total Investimento de Capital	250.000,03
Índice de Lucratividade (PI)	3,43
Retorno sobre Investimento (ROI)	243,36%
Período de Retorno (PP)	3,7982
Período de Retorno Descontado (DPP)	4,7988
VP Investimento de Capital	250.000,03

Projeto 9: Valor Presente Líquido (VPL)

Nonlinear Rank Correlation

DCF \| Taxa de Imposto Marginal (%)   0,70
DCF \| Taxa de Desconto (%)   0,37
Receitas \| Sales Revenue from USA \| 2022   0,37
Despesas Indiretas \| Marketing and Advertising \| 2005   0,32
Receitas \| Sales Revenue from USA \| 2017   0,31
Despesas Indiretas \| Others \| 2020   0,31
Receitas \| Sales Revenue from USA \| 2018   0,30
Despesas Indiretas \| Others \| 2024   0,29
Despesas Indiretas \| Transportation \| 2023   0,29
Despesas Indiretas \| Others \| 2017   0,26
Despesas Indiretas \| Maintenance \| 2009   0,26
Receitas \| Sales Revenue from USA \| 2021   0,25
Receitas \| Sales Revenue from USA \| 2024   0,25
Despesas Indiretas \| Others \| 2025   0,24
Despesas Indiretas \| Marketing and Advertising \| 2022   0,24

0,2 0,4 0,6 0,8

Contribution to Variance

45,82%
21%
16%
09%
34%
66%
47%
08%
08%
07%
92%
78%
16%

0   0,05   0,1   0,15

Figura 9.6 – Dashboard / Painel (2)

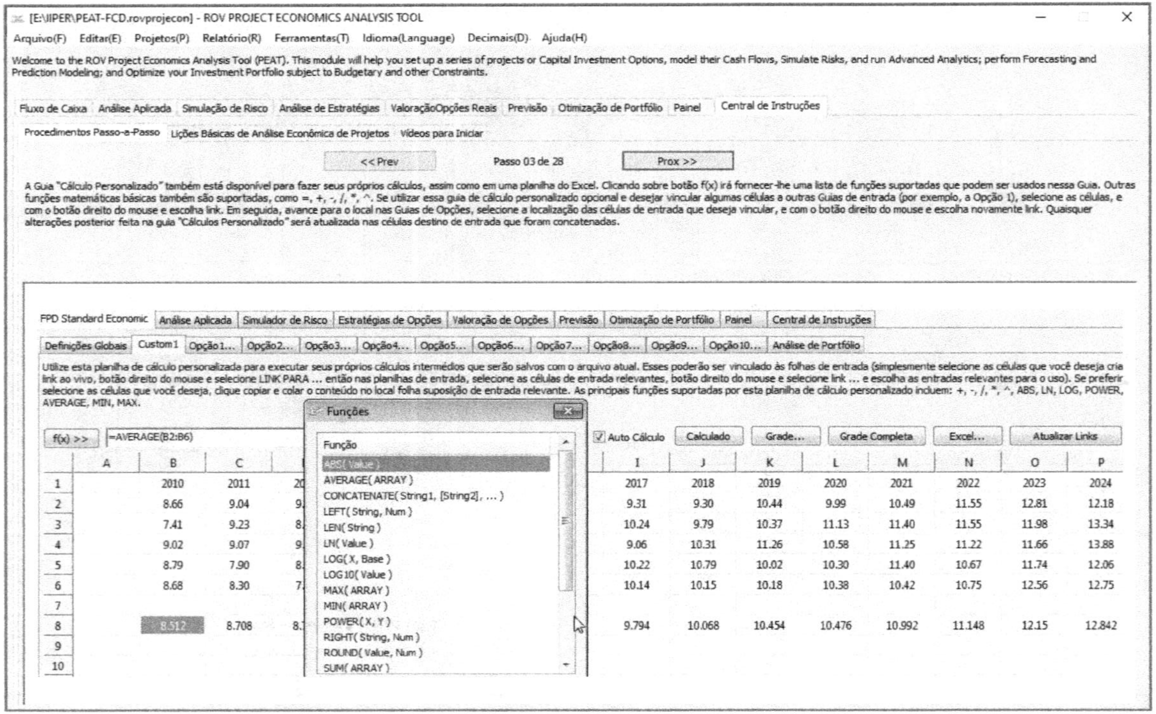

Figura 9.7 – Central de Instruções: Procedimentos passo-a-passo

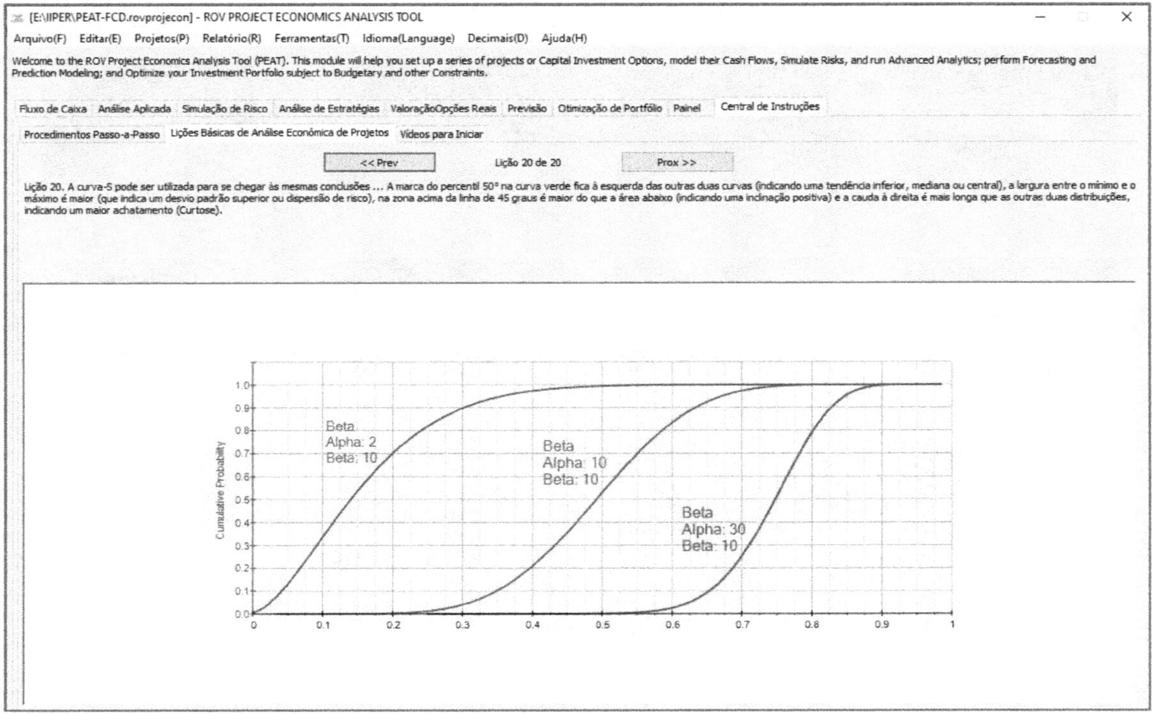

[E:\IIPER\PEAT-FCD.rovprojecon] - ROV PROJECT ECONOMICS ANALYSIS TOOL

Arquivo(F) Editar(E) Projetos(P) Relatório(R) Ferramentas(T) Idioma(Language) Decimais(D) Ajuda(H)

Welcome to the ROV Project Economics Analysis Tool (PEAT). This module will help you set up a series of projects or Capital Investment Options, model their Cash Flows, Simulate Risks, and run Advanced Analytics; perform Forecasting and Prediction Modeling; and Optimize your Investment Portfolio subject to Budgetary and other Constraints.

Fluxo de Caixa Análise Aplicada Simulação de Risco Análise de Estratégias Valoração/Opções Reais Previsão Otimização de Portfólio Painel Central de Instruções

Procedimentos Passo-a-Passo Lições Básicas de Análise Econômica de Projetos Vídeos para Iniciar

<< Prev   Lição 20 de 20   Prox >>

Lição 20. A curva-S pode ser utilizada para se chegar às mesmas conclusões... A marca do percentil 50° na curva verde fica à esquerda das outras duas curvas (indicando uma tendência inferior, mediana ou central), a largura entre o mínimo e o máximo é maior (que indica um desvio padrão superior ou dispersão de risco), na zona acima da linha de 45 graus é maior do que a área abaixo (indicando uma inclinação positiva) e a cauda à direita é mais longa que as outras duas distribuições, indicando um maior achatamento (Curtose).

Beta
Alpha: 2
Beta: 10

Beta
Alpha: 10
Beta: 10

Beta
Alpha: 30
Beta: 10

Cumulative Probability

Figura 9.8 – Central de Instruções: Lições Básicas sobre Economia de Projetos

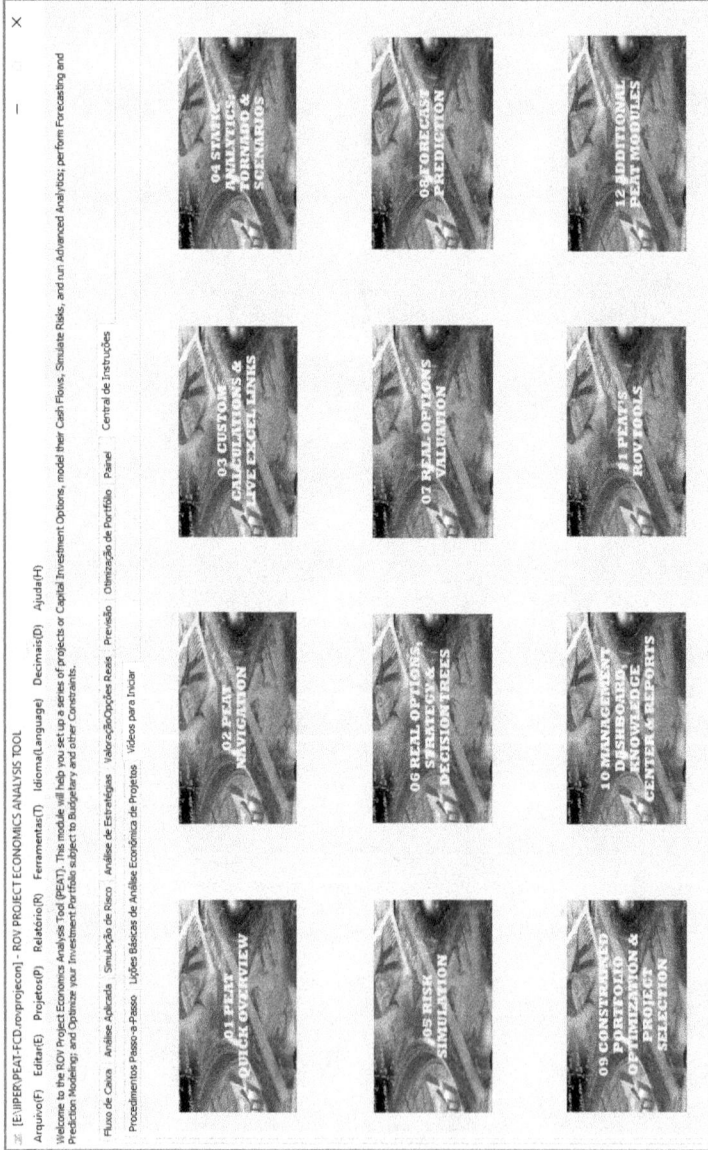

Figura 9.9 – Central de Instruções: Vídeos de Iniciação

RESUMO DAS FÓRMULAS

Abaixo estão algumas das equações básicas usadas em modelos estáticos (p.ex., estes não incluem modelos de: simulação, previsão, otimização ou opções reais) deste módulo FCD do PEAT.

Valor do Projeto ou Empresa

$$\frac{FCF_1}{(1 + WACC)^1} + \frac{FCF_2}{(1 + WACC)^2} + \ldots + \frac{FCF_N}{(1 + WACC)^N}$$

$$= \sum_{t=0}^{N} \frac{FCF_t}{(1 + WACC)^t}$$

Valor Futuro (VF)

Discreto: $VF_n = VP_0(1 + i)^n = VP_0[FVIF_{i,n}]$

Contínua: $VF_n = VP_0 e^{in}$

Valor Presente (VP)

Discreto: $VP_0 = \frac{VF_n}{(1+i)^n} = VF_n\left[\frac{1}{1+i}\right]^n = VF_n[PVIF_{i,n}]$

Contínua: $VP_0 = VF_n e^{-in}$

Valor Futuro de uma Anuidade (VFA)

$$VFA_n = PMT\left[\sum_{t=1}^{n}(1 + i)^{n-t}\right] = PMT\left[\frac{(1 + i)^n}{i} - \frac{1}{i}\right] = PMT[FVIFA_{i,n}]$$

Valor Presente de uma Anuidade (VPA)

$$VPA_0 = \sum_{t=1}^{n}\frac{PMT}{(1 + i)^t} = PMT\left(\frac{1}{i} - \frac{1}{i(1+i)^n}\right) = PMT[PVIFA_{i,n}]$$

Valor Futuro da Anuidade Antecipada

$$VFA_n = PMT\left[\sum_{t=1}^{n}(1 + i)^{n-t}\right](1 + i) = PMT\left[\frac{(1 + i)^n}{i} - \frac{1}{i}\right](1 + i)$$

$$= PMT[FVIFA_{i,n}](1 + i)$$

Valor Presente de uma Anuidade Antecipada

$$VPA_0 = \left[\sum_{t=1}^{n} \frac{PMT}{(1+i)^t}\right](1+i) = PMT\left(\frac{1}{i} - \frac{1}{i(1+i)^n}\right)(1+i)$$

$$= PMT[PVIFA_{i,n}](1+i)$$

Valor Atual da Perpetuidade

$$VP_0 = \frac{PMT}{i}$$

Soma dos Valores Atuais dos Fluxos de Caixa Desiguais

$$\sum VP_0 = \sum_{t=1}^{n} CF_t\left[\frac{1}{1+i}\right]^t = \sum_{t=1}^{n} CF_t[PVIF_{i,t}]$$

Configuração *para n* e *i* de Múltiplos Períodos Acumulados

$$n \times p \text{ e } i \div p$$

Taxa Efetiva Anual

$$EAR = \left[1 + \frac{i}{p}\right]^p - 1$$

Valor Presente Líquido (VPL)

$$VPL = CF_0 + \frac{CF_1}{(1+k)^1} + \frac{CF_2}{(1+k)^2} + \ldots + \frac{CF_N}{(1+k)^N} = \sum_{t=0}^{N} \frac{CF_t}{(1+k)^t}$$

Taxa Interna de Retorno (TIR)

$$VPL = \sum_{t=0}^{N} \frac{CF_t}{(1+TIR)^t} = 0$$

TIR modificado (TIRM)

$$\sum_{t=0}^{N} \frac{COF_t}{(1+WACC)^t} = \sum_{t=0}^{N} \frac{CIF_t(1+WACC)^{N-t}}{(1+TIRM)^N}$$

Custo Médio Ponderado do Capital (WACC)

$$WACC = \omega_d k_d(1-\tau) + \omega_p k_p + \omega_e k_e$$

Índice de Rentabilidade (RI) e Retorno sobre o Investimento (ROI)

$$\frac{\sum_{t=1}^{N} \frac{CF_t}{(1+WACC)^t}}{CF_0} = \frac{VP(CF)}{Custo\ Inicial}$$

$$ROI = RI - 1 = \frac{\sum_{t=1}^{N} \frac{CF_t}{(1+WACC)^t} - CF_0}{CF_0} = \frac{Beneficio - Custo}{Custo}$$

Custo da Dívida

$$k_d - \tau k_d = k_d(1 - \tau)$$

Custo da Ação Preferencial

$$k_p = \frac{D_p}{P_{net}}$$

Custo do Capital Comum (Avaliação de Ativos Financeiros)

$$k_s = k_{rf} + \beta_i(k_m - k_{rf})$$

Custo do Capital Comum (Fluxo de Caixa Descontado)

$$k_e = \frac{D_0(1+g)}{P_0(1-F)} + g = \frac{D_1}{P_{net}} + g \quad Ek_s = \frac{D_0(1+g)}{P_0} + g$$

Custo do Capital Comum (Rendimento dos Títulos)

$$k_s = rendimiento\ de\ los\ bonos + prima\ de\ riesgo$$

Prêmio de Risco de Mercado

$$MRP = k_m - k_{rf}$$

Taxa de Crescimento

$$g = ROE(1 - Pagar) = ROE(Taxa\ de\ Retenção)$$

Linha de Mercado de Valores Mobiliários

$$E[R_i] = R_{rf} + (E[R_m] - R_{rf})\frac{\rho_{i,m}\sigma_i\sigma_m}{\sigma_m^2} = R_{rf} + (E[R_m] - R_{rf})\frac{\text{cov}_{i,m}}{\text{var}_m}$$

Avaliação de Títulos

$$V_B = \sum_{i=1}^{n} \frac{I}{(1+k_d)^t} + \frac{M}{(1+k_d)^N} = I\left(\frac{1}{k_d} - \frac{1}{k_d(1+k_d)^N}\right) + \frac{M}{(1+k_d)^N}$$

Avaliação de Ações

$$\hat{P}_0 = \frac{D_1}{(1+k_S)^1} + \frac{D_1}{(1+k_S)^2} + \ldots + \frac{D_1}{(1+k_S)^\infty} = \sum_{t=1}^{\infty} \frac{D_t}{(1+k_S)^t}$$

Lucros antes de Juros, Impostos, Depreciações e Amortizações (EBITDA)

Receita - Despesas Operacionais

Lucro antes de Juros e Impostos (EBIT) e Resultado Operacional

EBITDA - Depreciação - Amortização

Lucro Operacional Pós-Imposto Líquido (NOPAT) Lucro Líquido (LL)

NOPAT - EBIT (1 – Taxa de Imposto) e

LL (EBIT – Juros) (1 – Imposto)

Fluxo de Caixa Líquido (NCF)

Lucro Líquido + Depreciação + Amortização

Fluxo de Caixa Operacional – (Juros) (1 – Taxa de Imposto)

Fluxo de Caixa Operacional (OCF)

(EBIT) (1 - Taxa de Imposto) + Depreciação + Amortização

NOPAT + Depreciação + Amortização

Capital de Trabalho (Giro) Operacional Líquido (NOWC)

Ativos Circulante - Passivo Circulante

Ativo Corrente

Caixa + Contas a Receber + Estoques

Passivo Circulante

Contas a Pagar + Causas + Salários a Pagar

Capital Líquido Operacional

NOWC + Ativos Operacionais de Longo Prazo

Fluxo de Caixa Livre (FCF)

NOPAT - Investimento Líquido em Capital Operacional

Fluxo de Caixa Operacional - Investimento Bruto em Capital Operacional

Retorno sobre o Capital Investido (ROIC)

NOPAT ÷ Total De Capital Líquido Operacional

Investimento Líquido em Capital Operacional

Mudança na Operação de Capital Líquido em um Ano

Investimento Bruto em Capital Operacional

Investimento Líquido em Capital Operacional + Depreciação + Amortização

Valor de Mercado Adicionado (MVA)

Valor de Mercado de Ações - Capital Social Fornecido

(Ações em Circulação) (Preço de Ação) - Capital Comum

Share MV + Debt MV - Capital Fornecido pelo Investidor

Valor Econômico Agregado (EVA)

NOPAT - Custo do Capital Após Imposto

EBIT (1 –Taxa de Imposto) – (Total Capital Líquido Operacional) (WACC)

Total de Capital Líquido Operacional (ROIC – WACC)

Capital Comum dos Acionistas (Patrimônio Líquido)

Ativos - Passivos - Ação Preferencial

Ganho por Ação Ordinária (EPS – *earnings per common share*)

Lucro Líquido ÷ Ações Ordinárias em Circulação

Dividendos por Ação (DPS)

Dividendos ÷ Ações Ordinárias em Circulação

Valor Contábil por Ação (BV)

Capital Total Comum ÷ Total de Ações Ordinárias em Circulação

Rentabilidade Equivalente Antes dos Impostos em um Bônus tributável

(Retorno sobre Bônus Não Tributável) ÷ (1 – Taxa marginal)

Retorno Equivalente em um Título não tributável

(Rentabilidade Antes do Imposto sobre o Bônus Não Tributável) (1 – Taxa Marginal)

Rendimento após Imposto

(Renda Antes do Imposto) (1 – Alíquota Efetiva)

Índice de Liquidez Corrente (CR)

Ativo Circulante ÷ Passivos Circulante

Índice de Liquidez Seca (QR)

(Ativos Atuais – Estoques) ÷ Passivo Circulante

Rotação de Inventário (TI)

Vendas de Estoque ÷ Inventário

Dias de Vendas não Pagos (DSO)

Contas a Pagar ÷ (Vendas Anuais/360) ou Contas a Pagar ÷ Vendas Médias por Dia

Rotação de Ativos Fixos (FAT)

Vendas ÷ Ativos fixos líquidos

Rotação Total de Ativos (TAT)

Vendas ÷ Ativas Totais

Dívida Total com Ativos Totais (DA)

Total de Ativos ÷ Totais da Dívida

Juros Acumulados (TIE)

Benefícios Antes Juros e Impostos (EBIT) ÷ Taxa de Juros

Margem de Lucro de Vendas (PM)

Lucro Líquido Disponível para de Acionistas ÷ Vendas

Índice Básico de Ganho Potencial (BEP)

Lucro Antes de Juros e Impostos (EBIT) ÷ Total de Ativos

Índice Preço Ação/Lucro por Ação (PE)

Preço por Ação ÷ Lucro por Ação

Valor de Mercado para Valor Contábil (MB)

Preço de Mercado por Ação ÷ Valor contábil Ação

Multiplicador de Capital (EM)

Ativo Total ÷ Patrimônio Total

Dívida de Capital (DE)

Total da dívida ÷ Patrimônio Total

Relação de Dívida (DR)

Totais da Dívida ÷ Total de Ativos = 1 – (1 Multiplicador de Ações)

Rentabilidade Operacional

NOPAT ÷ Vendas

Requisitos de capital

Capital Operacional ÷ Vendas

Retorno sobre Ativos (ROA)

Lucro Líquido Disponível para Acionistas ÷ Ativos Totais

(Receita Líquida ÷ Vendas) × (Vendas ÷ Ativos Totais) = Margem de Lucro x TAT

Retorno sobre o Patrimônio Líquido (ROE)

Lucro Líquido Disponível aos Acionistas ÷ Capital Total

ROA x Multiplicador Patrimonial

(Receita Líquida ÷ Ativo Total) × (Ativo Total ÷ Common Capital)

Margem de Lucro x Rotação total de ativos × multiplicador de Patrimônio

(Receita Líquida ÷ Vendas) × (Vendas ÷ Ativas) × (Ativos ÷ Patrimônio)

$$ROE = \frac{NI}{CE} = \frac{NI}{CE} \times \frac{S}{S} \times \frac{TA}{TA} = \frac{NI}{S} \times \frac{TA}{CE} \times \frac{S}{TA} = \frac{TA}{CE} \times \frac{NI}{TA}$$

BAIXAR E INSTALAR O SOFTWARE

Como as versões atuais do software são continuamente atualizadas, recomendamos que você visite o site da Real Options Valuation, Inc. e siga as instruções abaixo para instalar os aplicativos de software mais recentes:

- **Passo 1:** Visite www.realoptionsvaluation.com e clique em **Downloads** e Download de **Software** (Gráfico A). Você precisará se registrar aqui. Se você for um usuário da primeira vez (Tabela B) registre-se primeiro e receberá um e-mail automático em poucos minutos. (Se você não receber este e-mail de inscrição após a inscrição, envie uma nota para o seguinte e-mail: support@realoptionsvaluation.com)). Ao receber e-mails automáticos, navegue nesta página e assista aos vídeos de iniciação, estudos de caso e modelos de exemplo, que você pode baixar gratuitamente.

- **Passo 2:** Retorne a este site e DIGITE usando as credenciais de login recebidas por e-mail. Baixe e instale as versões mais recentes do **Risk Simulator** e do Real **Options SLS** nesta página. Links para download, instruções de instalação e informações de ID de hardware também aparecem nesta página (Gráfico C).

- **Passo 3:** Depois de instalar o software, inicie o Excel e você verá uma fita de Simulador de Risco. Siga os passos na página da Web para obter instruções e envie um e-mail para support@realoptionsvaluation.com com sua ID do Hardware. Mencione o código **"MR3E 30 Dias"** para receber uma licença estendida e gratuita de 30 dias que você pode usar tanto no software SLS Opções Reais quanto no Risk Simulator.

Real Options
Valuation

inglés ■ Chinês simplificado) ■ Chinês tradicional) ■ francês ■ alemão ■ italiano
♦ japonês ✕ coreano ■ Português (brasil) ■ russo ≡ espanol   0 Itens : $ 0,00

CERTIFICADO CQRM | CONSULTANDO | PROGRAMAS | LIVROS | TRANSFERÊNCIAS | COMPRA |

DOWNLOADS DE SOFTWARE		
VÍDEOS DE INTRODUÇÃO E MODELAGEM		
FOLHETOS DE PRODUTO		
MODELOS DE AMOSTRA		
ARTIGOS E ESTUDOS DE CASO		

CENTRO DE DOWNLOAD

Você também pode visitar nosso site de download espelho se tiver problemas para fazer download desta pl

Bem-vindo ao centro de download da Real Options Valuation, Inc.. Aqui você poderá baixar versões de test [ple]tas do software que você adquiriu (informações de licença necessárias para instalar essas versões completas), brochuras de pro [ber]s e vídeos de treinamento de amostra para ajudá-lo a começar ao usar nosso software, bem como modelos de amostra d [isk] Simulator e Real Options Super Lattice Solver.

COMEÇANDO E MODELANDO VÍDEOS

A seguir estão alguns vídeos de movimento ao vivo e narrados por voz que podem ser reproduzidos no seu computador usando o Windows Media Player ou outros reprodutores de vídeo com capacidade de reprodução de vídeo WMV. Você pode simplesmente clicar em qualquer um dos links abaixo para visualizar os vídeos em streaming.

ROV SOFTWARE COMEÇANDO A VÍDEOS

Também temos alguns vídeos de introdução aos softwares Risk Simulator e Risk Simulator mais detalhados que você pode baixar e assistir. Esses vídeos totalizam cerca de 2 horas. Para um treinamento ainda mais detalhado, confira nosso conjunto de 12 DVDs de treinamento (mais de 30 horas) ou nossos seminários práticos de Certified in Risk Management (4 dias). A seguir estão os vídeos de introdução detalhados atualizados no Risk Simulator, apresentando todas as novas ferramentas, como Auto ARIMA, GARCH, JS Curves, Cubic Spline, Máxima verossimilhança, Diagnóstico de dados, Análise estatística, Modeling Toolkit e muito mais...

Figura A: Passo 1 - Site de Download de Software

CENTRO DE DOWNLOAD

Você também pode visitar nosso site de download espelho se tiver problemas para fazer download desta página

Bem-vindo ao centro de download da Real Options Valuation, Inc. Aqui você poderá baixar versões de teste de nosso software, versões completas do software que você adquiriu (informações de licença necessárias para instalar essas versões completas), brochuras de produtos, estudos de caso e white papers e vídeos de treinamento de amostra para ajudá-lo a começar ao usar nosso software, bem como modelos de amostra do Excel para usar com o software Risk Simulator e Real Options Super Lattice Solver.

VOCÊ É OBRIGADO A ENTRAR PARA VER ESTA PÁGINA.

Nome do usuário

Senha

| CONECTE-SE | REGISTRO |

Figura B: Registre-se caso seja a primeira vez

DOWNLOAD DA VERSÃO COMPLETA E DE TESTE

Baixar Risk Simulator 2021 - Instalador automático
Baixar Risk Simulator 2021 - Instalador automático (site espelho)
Baixar Risk Simulator 2021 - Para Excel de 32 bits
Baixar Risk Simulator 2021 - Para Excel de 32 bits (site espelho)
Baixar Risk Simulator 2021 - Para Excel de 64 bits
Download Risk Simulator 2021 - Para Excel de 64 bits (site espelho)

Baixe a versão ANTIGA do Risk Simulator 2020 - Instalador automático
Baixe a versão ANTIGA do Risk Simulator 2019 - Instalador automático
Baixe a versão ANTIGA do Risk Simulator 2018 - Instalador automático

Esta é uma versão completa do software, mas irá expirar em 15 dias, período durante o qual você pode comprar uma licença para desbloquear o software permanentemente. Desinstale primeiro todas as versões anteriores do Risk Simulator antes de instalar esta versão mais recente.

Para desbloquear o software permanentemente, adquira uma licença e nos envie por e-mail sua ID de hardware (após instalar o software, inicie o Excel, clique em Risk Simulator, Licença e envie um e-mail para admin@realoptionsvaluation.com com a ID de hardware de 16 a 20 dígitos localizada na parte inferior esquerda de sua janela). Enviaremos a você um e-mail com um arquivo com licença permanente. Salve este arquivo em seu disco rígido, inicie o Excel, clique em Simulador de Risco, Licença, Instalar Licença e aponte para o local deste arquivo de licença, reinicie o Excel e agora você está licenciado permanentemente. A instalação da licença leva apenas alguns segundos.

REQUISITOS DO SISTEMA, PERGUNTAS FREQUENTES E RECURSOS ADICIONAIS:

- Windows 7, 8 e 10 (32 e 64 bits)
- Microsoft Excel 2010, 2013 ou 2016
- 2 GB de RAM mínimo (4 GB recomendados)
- 600 MB de disco rígido
- Direitos administrativos para instalar software
- Microsoft .NET Framework 2.0, 3.0, 3.5 ou posterior
- Os usuários do MAC OS precisarão de uma Máquina Virtual ou Parallels executando o Microsoft Excel

Figura C: Baixe links e instruções de ID de hardware

ÍNDICE